Arbitragem e Mediação Potestativa nos Conflitos de Consumo por Opção do Consumidor

Arbitragem e Mediação Potestativa nos Conflitos de Consumo por Opção do Consumidor

COMENTÁRIOS AO ARTIGO 14.º DA LEI DE DEFESA DO CONSUMIDOR

Tiago Soares da Fonseca
Professor Auxiliar da Faculdade de Direito da Universidade de Lisboa
Investigador do Centro de Investigação de Direito Privado – CIDP
Árbitro e advogado

ALMEDINA

**ARBITRAGEM E MEDIAÇÃO POTESTATIVA
NOS CONFLITOS DE CONSUMO
POR OPÇÃO DO CONSUMIDOR**
(COMENTÁRIOS AO ARTIGO 14.º DA LEI
DE DEFESADO CONSUMIDOR)
AUTOR
Tiago Soares da Fonseca
EDITOR
EDIÇÕES ALMEDINA, S.A.
Avenida Emídio Navarro, 81, 3D
3000-151 Coimbra
Tel.: 239 851 904 · Fax: 239 851 901
www.almedina.net · editora@almedina.net
DESIGN DE CAPA
FBA.
PRÉ-IMPRESSÃO
EDIÇÕES ALMEDINA, S.A.
IMPRESSÃO E ACABAMENTO

Janeiro, 2023
DEPÓSITO LEGAL

ALMEDINA | GRUPOALMEDINA

BIBLIOTECA NACIONAL DE PORTUGAL – CATALOGAÇÃO NA PUBLICAÇÃO
FONSECA, Tiago Soares da
ARBITRAGEM E MEDIAÇÃO POTESTATIVA NOS CONFLITOS DE CONSUMO POR OPÇÃO DO CONSUMIDOR: Comentários ao artigo 14º da lei de defesa do consumidor. –
1ª ed. – (Monografias jurídicas)
ISBN 978-989-40-0965-8
CDU 347

LISTA DE ABREVIATURAS E SIGLAS

al., als.	alínea, alíneas
a.	ano
art., arts.	artigo, artigos
CACCL	Centro de Arbitragem de Conflitos de Consumo de Lisboa
CACCRAM	Centro de Arbitragem de Conflitos de Consumo da Região Autónoma da Madeira
CACRC	Centro de Arbitragem de Conflitos de Consumo da Região de Coimbra
CASA	Centro de Arbitragem do Sector Automóvel
CAUAL	Centro de Arbitragem da Universidade Autónoma de Lisboa
CC	Código Civil, aprovado pelo Decreto-Lei n.º 47 344, de 25 de novembro de 1966
cf.	confira, confronte
CIAB	Centro de Informação, Mediação e Arbitragem de Consumo
CICAP	Centro de Informação de Consumo e Arbitragem do Porto
CIMAAL	Centro de Arbitragem de Conflitos de Consumo do Algarve
CIMPAS	Centro de Informação, Mediação e Arbitragem de Seguros
cit.	citado(a)
CNIACC	Centro Nacional de Informação e Arbitragem de Conflitos de Consumo
CPC	Código de Processo Civil, aprovado pela Lei n.º 41/2013, de 26 de junho
CRP/Constituição	Constituição da República Portuguesa, aprovada pelo Decreto de 10 de abril de 1976
Diretiva RAL	Diretiva 2013/11/UE, do Parlamento Europeu e do Conselho, de 21 de maio
ed.	edição
L.	Lei

LAV	Lei da Arbitragem Voluntária, aprovada pela Lei n.º 63/2011, de 14 de dezembro
LDC	Lei de Defesa do Consumidor, aprovada pela Lei n.º 24/96, de 31 de julho
LOSJ	Lei da Organização do Sistema Judiciário, aprovada pela Lei n.º 62/2013, de 26 de agosto
LMd	Lei da Mediação, aprovada pela Lei n.º 29/2013, de 19 de abril
n.º, n.ºs	número, números
Nm, Nsm	Número na margem, Números na margem
NJW	*Neue Juristische Wochenschrift* (alemanha)
NZV	*Neue Zeitschrift für Verkehrsrecht* (alemanha)
org.	organização (de), organizado (por)
P.	Portaria
p., pp.	página, páginas
Proc.	Processo
RAC	Rede de Arbitragem de Consumo
RAL	Resolução Alternativa de Litígios
RALC	Resolução Alternativa de Litígios de Consumo
reimp.	reimpressão
s., ss.	seguinte, seguintes
STA	Supremo Tribunal Administrativo
STJ	Supremo Tribunal de Justiça
t.	tomo
TC	Tribunal Constitucional
TRIAVE	Centro de Arbitragem de Conflitos de Consumo do Ave
V./Vol.	volume
Vd.	*vide*
v.g.	*verbi gratia* (por exemplo)

1.
Coordenadas gerais e objeto do estudo

I. Entre os direitos do consumidor, encontramos o *direito à proteção jurídica e a uma justiça acessível e pronta*[1], enunciado na alínea *g*) do artigo 3.º da LDC[2]. Este direito é objeto de concretização, ao nível dos meios de resolução alternativa de litígios, no artigo 14.º da mesma lei.

II. No âmbito dos conflitos de consumo, na sua redação original[3], a LDC limitava-se a estabelecer que incumbia aos órgãos e departamentos da Administração Pública promover a criação e apoiar centros de arbitragem com o objetivo de dirimir os conflitos de consumo (art. 14.º/1). Adicionalmente, consagrava um regime especial, em termos de preparos e de custas (art. 14.º/2 a 4, na redação original). Contudo, esse regime não distinguia o local do conflito, aplicando-se tanto a conflitos de consumo dirimidos em julgados de paz[4], como em centros de arbitragem ou tribunais judiciais. Assim, quanto à resolução de litígios de consumo por meios distintos dos tribunais estaduais, nada se previa especificamente.

III. Em 2019, com a Lei n.º 63/2019, de 16 de agosto, os n.ºs 2 a 4 do artigo 14.º da LDC foram alterados, tendo sido aditado um número 5. Pas-

[1] David Falcão, *Lições de direito do consumo*, 2.ª ed., Almedina, Coimbra, 2020, pp. 50 e ss.

[2] Aprovada pela L. n.º 24/96, de 31 de julho. Última alteração pelo DL n.º 109-G/2021, de 10 de dezembro.

[3] Cf. 2, II.

[4] Sentença do Julgado de Paz da Trofa, de 29 de abril de 2010, Proc. n.º 14/2010-JP (Iria Pinto), e Sentença do Julgado de Paz de Tarouca, de 31 de outubro de 2008, Proc. n.º 96/2008-JP (Daniela Santos Costa), disponíveis em www.dgsi.pt.

sou a prever-se a possibilidade de os conflitos de consumo de reduzido valor económico ficarem, por opção expressa dos consumidores, submetidos à arbitragem necessária ou mediação (art. 14.º/2). Esta opção, não sendo nova quanto à arbitragem, estava, contudo, até então, circunscrita aos contratos de prestação de serviços essenciais[5-6]. Além disso, não se

[5] Cf. artigo 15.º/1 da L. n.º 23/96, de 26 de julho. Última alteração pela L. n.º 51/2019, de 29 de julho. Na doutrina, *vide* Cláudio Serra, "A arbitragem necessária e o acesso à justiça", in *Revista Portuguesa de Direito do Consumo*, n.º 83, 2015, pp. 61-69, Joana Campos Carvalho/ Jorge Morais Carvalho, "Especificidades da arbitragem e da mediação de consumo", in *Estudos de Direito do Consumidor*, n.º 11, 2016 (pp. 73-114), pp. 84 e ss., Jorge Morais Carvalho/João Pedro Pinto-Ferreira/Joana Campos Carvalho, *Manual de resolução alternativa de litígios de consumo*, Almedina, Coimbra, 2017, pp. 183 e ss., e Mário Frota, "La participación obligatoria en procesos ante entidades de resolución alternativa de litigios de consumo: el caso de los servicios esenciales en el derecho portugués", in *Revista Portuguesa de Direito do Consumo*, n.º 90, 2017 (pp. 13-37), pp. 25-26.

[6] Destaque ainda para o artigo 38.º do DL n.º 74-A/2017, de 23 de junho (última alteração pela L. n.º 57/2020, de 28 de agosto, posteriormente corrigida pela Declaração de Retificação n.º 38/2020, de 7 de outubro), que aprovou o regime dos contratos de crédito relativos a imóveis, estabelecendo as regras aplicáveis ao crédito a consumidores garantido por hipoteca ou por outro direito sobre coisa imóvel, e procedeu à transposição parcial para a ordem jurídica interna da Diretiva n.º 2014/17/UE, do Parlamento Europeu e do Conselho, de 4 de fevereiro de 2014 (art. 1.º/1). Nos termos do seu n.º 1, os mutuantes devem oferecer aos consumidores o acesso a meios extrajudiciais eficazes e adequados de reclamação e de resolução de litígios, respeitantes aos direitos e obrigações estabelecidos neste diploma. Adicionalmente, segundo o seu n.º 2, esta oferta efetiva-se através da adesão a, pelo menos, duas entidades que possibilitem a resolução alternativa de litígios, nos termos previstos na Lei n.º 144/2015, de 8 de setembro.

No caso que se acabou de descrever, apesar de ainda podermos falar, *cum grano salis*, de uma arbitragem obrigatória, a verdade é que não estamos perante um caso de arbitragem por simples opção expressa do consumidor conforme sucede no artigo 14.º da LDC ou no artigo 15.º/1 da L. n.º 23/96, de 26 de julho. Com efeito, na situação contemplada no artigo 38.º do DL n.º 74-A/2017, de 23 de junho, a arbitragem pode ter lugar porque o consumidor assim optou e porque a parte demandada (a mutuante) aderiu previamente a entidade de resolução alternativa de litígios. Portanto, a arbitragem continua ainda a resultar de uma vontade das partes. Com a particularidade, é certo, de a parte demandada, por imposição legal, estar obrigada a aderir a entidade de resolução alternativa de litígios. Assim, tomando em consideração a tradicional distinção entre arbitragem voluntária e arbitragem obrigatória, podemos estar perante uma situação atípica.

limitava aos consumidores, tendo por sujeitos ativos os utentes desses serviços essenciais que fossem pessoas singulares[7].

IV. Com o presente estudo, propomo-nos comentar as alterações introduzidas ao artigo 14.º da LDC. Concretamente: a solução introduzida quanto aos conflitos de consumo de reduzido valor económico e os respetivos pressupostos de aplicação (n.ºs 2 e 3 do art. 14.º da LDC); a representação do consumidor nestes conflitos (n.º 4 do art. 14.º da LDC); por fim, a dispensa do pagamento prévio de taxa de justiça do consumidor (n.º 5 do art. 14.º da LDC). Adicionalmente, analisaremos a questão da admissibilidade da reconvenção na arbitragem de consumo necessária, concluindo com uma síntese.

V. Pareceu-nos prudente aguardar pelo decurso de algum tempo desde a entrada em vigor destas alterações[8] e pela sua aplicação efetiva, retardada pela pandemia do covid-19, para se ter uma melhor noção das consequências e problemas práticos suscitados pelo regime. O seu desenvolvimento já permite trazer alguma matéria para o debate e pensar sobre as soluções consagradas. Nas páginas que se seguem fica o nosso contributo para o seu estudo.

[7] Nos termos do n.º 3 do artigo 1.º da L. n.º 23/96, "*considera-se utente, para os efeitos previstos nesta lei, a pessoa singular ou colectiva a quem o prestador do serviço se obriga a prestá-lo.*" Cf. Jorge Morais Carvalho, *Manual de direito do consumo*, 7.ª ed., Almedina, Coimbra, 2020, p. 29, e Paulo Duarte, "A chamada "arbitragem necessária" de "litígios de consumo" no domínio dos serviços públicos essenciais: âmbito, natureza e aspectos processuais", in *Estudos de Direito do Consumo: homenagem a Manuel Cabeçadas Ataíde Ferreira* (coord. Carlos Ferreira de Almeida *et al.*), Deco, 2016 (pp. 452-469), pp. 461-462.

[8] Entraram em vigor 30 dias após a publicação da L. n.º 63/2019 (art. 3.º).

2.
O texto da lei

2.1. Enunciado

I. Na sua origem, a redação do artigo 14.º da LDC era a seguinte:

"Artigo 14.º
Direito à protecção jurídica e direito a uma justiça acessível e pronta

1 – Incumbe aos órgãos e departamentos da Administração Pública promover a criação e apoiar centros de arbitragem com o objectivo de dirimir os conflitos de consumo.

2 – É assegurado ao consumidor o direito à isenção de preparos nos processos em que pretenda a protecção dos seus interesses ou direitos, a condenação por incumprimento do fornecedor de bens ou prestador de serviços, ou a reparação de perdas e danos emergentes de factos ilícitos ou da responsabilidade objectiva definida nos termos da lei, desde que o valor da acção não exceda a alçada do tribunal judicial de 1.ª instância.

3 – Os autores nos processos definidos no número anterior ficam isentos do pagamento de custas em caso de procedência parcial da respectiva acção.

4 – Em caso de decaimento total, o autor ou autores intervenientes serão condenados em montantes, a fixar pelo julgador, entre um décimo e a totalidade das custas que normalmente seriam devidas, tendo em conta a sua situação económica e a razão formal ou substantiva da improcedência."

II. Atualmente, com a Lei n.º 63/2019, de 16 de agosto, o texto da lei que nos propomos analisar prevê o seguinte:

"Artigo 14.º
Direito à protecção jurídica e direito a uma justiça acessível e pronta

1 – Incumbe aos órgãos e departamentos da Administração Pública promover a criação e apoiar centros de arbitragem com o objectivo de dirimir os conflitos de consumo.

2 – Os conflitos de consumo de reduzido valor económico estão sujeitos a arbitragem necessária ou mediação quando, por opção expressa dos consumidores, sejam submetidos à apreciação de tribunal arbitral adstrito aos centros de arbitragem de conflitos de consumo legalmente autorizados.

3 – Consideram-se conflitos de consumo de reduzido valor económico aqueles cujo valor não exceda a alçada dos tribunais de 1.ª instância.

4 – Nos conflitos de consumo a que se referem os n.os 2 e 3 deve o consumidor ser notificado, no início do processo, de que pode fazer-se representar por advogado ou solicitador, sendo que, caso não tenha meios económicos para tal, pode solicitar apoio judiciário, nos termos da lei que regula o acesso ao direito e aos tribunais.

5 – Nos conflitos de consumo a que se referem os n.os 2 e 3 o consumidor fica dispensado do pagamento prévio de taxa de justiça, que será apurada a final."

III. Conforme podemos observar, as alterações introduzidas são profundas.

Quanto à matéria das taxas de justiça de conflitos de consumo, sobre a qual se debruçavam os n.os 2, 3 e 4 do artigo 14.º da LDC, foi relegada apenas ao n.º 5. Adicionalmente, enquanto originariamente, como se viu, tais regras compreendiam certos conflitos de consumo independentemente do local onde tivessem lugar – julgados de paz, tribunais judiciais ou tribunal arbitral ("nos processos") –, na redação atual ficou limitada aos conflitos de consumo no tribunal arbitral adstrito aos centros de arbitragem de conflitos de consumo legalmente autorizados. O que significa que, no regime atual, se o consumidor pretender a resolução do conflito de consumo no tribunal judicial, não terá um tratamento diferenciado em matéria de taxas de justiça dos demais litigantes judiciais.

Por outro lado, o regime atual inovou ao prever a possibilidade de o conflito de consumo ficar sujeito à mediação ou ser resolvido por arbitragem por decisão do consumidor. Foi o que se passou a consagrar no n.º 2 do artigo 14.º da LDC, limitando-se os seus n.os 3, 4 e 5 a regular alguns desses aspetos.

2.2. Primeiras ilações

I. Numa primeira análise ao texto da lei, podemos extrair que a proteção jurídica a que alude o artigo 14.º da LDC:

- Tem por objeto os conflitos jurídicos de consumo, mas, dentro destes, apenas os de reduzido valor económico;
- É conferida unicamente ao consumidor, por opção deste;
- Concretiza-se no poder de submeter a resolução do conflito de consumo à arbitragem e à mediação;
- Tendo lugar, será institucionalizada, seguindo, do ponto de vista procedimental, as regras dos centros de arbitragem de conflitos de consumo.

II. Antes de desenvolvermos cada um destes aspetos do regime, importa chamar a atenção para a conformidade do mesmo com o Direito comunitário, por um lado, e para a sua originalidade comparativamente com outros ordenamentos jurídicos, por outro.

2.3. Conformidade com o Direito comunitário

I. A proteção jurídica que passou a reconhecer-se ao consumidor no artigo 14.º da LDC não foi imposta pelo Direito comunitário, sendo antes uma opção do legislador nacional, ainda que permitida pelo legislador comunitário. Efetivamente, nenhuma Diretiva impõe, ou sequer estabelece, a mediação e/ou a arbitragem de conflitos de consumo por opção do consumidor.

Senão vejamos.

II. Destacando, pela sua importância, a Diretiva RAL – a Diretiva 2013/11/UE, do Parlamento Europeu e do Conselho, de 21 de maio[9] –,

[9] Esta Diretiva, por sua vez, alterou o Regulamento (CE) 2006/2004, do Parlamento Europeu e do Conselho, de 27 de outubro, e a Diretiva 2009/22/CE, do Parlamento Europeu e do Conselho, de 23 de abril.

que visou contribuir para a defesa do consumidor no que concerne aos procedimentos de resolução extrajudicial de litígios nacionais e transfronteiriços[10], estabelecendo, para tanto, requisitos de qualidade harmonizados para entidades de RAL e para os procedimentos de RAL[11], expressamente determina, no seu considerando (49), que "não deverá impor a obrigatoriedade de os comerciantes participarem em procedimentos de RAL, nem de os resultados de tais procedimentos os vincularem, quando um consumidor tiver apresentado queixa contra eles". Ou seja, quanto à participação em procedimentos de RAL, vale o princípio da voluntariedade das partes.

Contudo, apesar desta proibição inicial de procedimentos de RAL injuntivos, com vista a assegurar o respeito do direito constitucional de acesso à justiça dos diferentes Estados-membros, o legislador comunitário acaba não só por encorajar mecanismos mandatórios de RAL para os profissionais, ao dizer que "os comerciantes deverão ser incentivados, na medida do possível, a participar em procedimento de RAL"[12], como ainda admite que os Estados-membros possam "manter ou aprovar regras que vão além das previstas na presente diretiva, a fim de assegurar um nível mais elevado de defesa dos consumidores"[13], podendo tais regras nacionais tornar obrigatória ou sujeitar a incentivos ou sanções a participação dos comerciantes nos procedimentos de RAL, "ou vinculativos os seus resultados para os comerciantes"[14].

Entre nós, esta Diretiva foi transposta pela L. n.º 144/2015, de 8 de setembro. Última alteração pelo DL n.º 9/2021, de 29 de janeiro.
Sobre a transposição desta Diretiva nos diferentes Estados-membros, cf. *The new regulatory framework for consumer dispute resolution* (org. Pablo Cortés), Oxford University Press, Croydon, 2016, pp. 125-324.

[10] Cf. artigos 1.º e 2.º/1 da Diretiva RAL.

[11] Artigo 2.º/3 da Diretiva RAL.

[12] Günter Hirsch, "Außergerichtliche Beilegung von Verbraucherstreitigkeiten – ein alternativer Zugang zum Recht entsteht", in *NJW*, 2013 (pp. 2088-2094), p. 2090, e Michael Stürner, "ADR and Adjudication by State Courts: Competitors or Complements?", in *The role of consumer ADR in the administration of justice – New trends in access to justice under EU Directive 2013/11* (org. Michael Stürner, Fernando Gascón Inchausti e Remo Caponi), SELP, Munique, 2015 (pp. 11-29), pp. 18-19.

[13] Cf. considerando (25) da Diretiva RAL e n.º 3, parte final, do artigo 2.º da Diretiva RAL.

[14] Considerando (49) da Diretiva RAL.

Significa, portanto, que as regras estabelecidas na Diretiva RAL, no que à voluntariedade da participação nos procedimentos de RAL diz respeito, têm um caráter mínimo[15]. As regras nacionais que tornem obrigatórios os procedimentos de RAL são permitidas, desde que observados certos limites. Concretamente, "os procedimentos de RAL não deverão ser concebidos para substituir os processos em tribunal nem privar os consumidores ou os comerciantes do seu direito de procurar obter reparação perante os tribunais."[16]

III. Tendo presente que a arbitragem de conflito de consumo por opção do consumidor prevista no artigo 14.º da LDC tem o efeito de privar o comerciante de recorrer aos tribunais do Estado, pode questionar-se se desrespeita os limites estabelecidos nos considerandos (45) e (49) da Diretiva RAL.

A resposta, cremos, é negativa.

Pode argumentar-se, desde logo, a favor da sua admissibilidade, que na arbitragem/mediação de consumo por opção do consumidor não está em causa a reparação do comerciante, mas a reparação do consumidor. Logo, pretendendo o considerando (45) da Diretiva RAL assegurar que o comerciante não fica privado de obter reparação perante os tribunais do Estado, pode dizer-se que o direito à reparação do comerciante não é afetado.

Por outro lado, ao longo do regime estabelecido na Diretiva RAL, podemos observar que, por diversas ocasiões, é o próprio legislador, a propósito das regras nacionais, a admitir expressamente procedimentos

[15] Iuliana Raluca Stroie, "Análisis de la Ley 7/2017, de 2 de noviembre, por la que se incorpora al ordenamiento jurídico español la Directiva 2013/11/UE, relativa a la resolución alternativa de litigios en materia de consumo", disponível em http://www.centrodeestudiosdeconsumo.com/images/Ley_7_2017_por_la_que_se_traspone_la_Directiva_2013_11_UE_ADR.pdf (17 pp.), pp. 1-2.
Sustentado que não estando os profissionais obrigados a participar nos procedimentos de RAL, o reforço pretendido à proteção do consumidor com a Diretiva RAL pode ficar frustrado, cf. Günter Hirsch, "Außergerichtliche ...", cit., p. 2090.

[16] Cf. considerando (45) da Diretiva RAL. No mesmo sentido, *vide* considerando (49) da Diretiva RAL.

vinculativos para o comerciante. Assim sucede na alínea *a)* do n.º 2 do artigo 9.º e no n.º 2, *in fine*, do artigo 10.º da Diretiva RAL.

Na alínea *a)* do n.º 2 do artigo 9.º da Diretiva RAL, pode ler-se que, em procedimentos de RAL que vissem a resolução do litígio propondo uma solução, os Estados-membros asseguram que as partes tenham a possibilidade de se retirar do procedimento em qualquer momento se não estiverem satisfeitas com o desempenho ou com o funcionamento do procedimento, devendo ser informadas desse direito antes do início do procedimento. Contudo, determina-se ainda que, caso as regras nacionais prevejam a participação obrigatória do comerciante em procedimento de RAL, essa retirada aplica-se apenas ao consumidor[17].

Por sua vez, no n.º 2 do artigo 10.º da Diretiva RAL prevê-se que os Estados-membros devem assegurar que, nos procedimentos de RAL destinados a resolver o litígio por imposição de uma solução, a solução imposta só seja vinculativa para as partes se estas tiverem sido previamente informadas do seu caráter vinculativo e o tiverem expressamente aceitado. Com a ressalva, porém, de as regras nacionais preverem que as soluções são vinculativas para os comerciantes. Neste caso, não é exigida a aceitação específica do comerciante.

IV. Assim, perante o exposto, é nosso entendimento que a regra nacional prevista no artigo 14.º da LDC não contende com o regime previsto na Diretiva RAL[18].

2.4. A originalidade da solução nacional

2.4.1. No espaço comunitário

I. A proteção jurídica do consumidor no direito nacional não tem paralelo noutros ordenamentos jurídicos europeus. Efetivamente, apesar

[17] *Vide*, ainda, o n.º 3 do artigo 9.º da Diretiva RAL.

[18] Concretamente quanto à necessidade de respeitar o direito de acesso ao sistema judicial, tal como previsto no artigo 47.º da Carta dos Direitos Fundamentais da União Europeia, considerando o paralelismo da situação, remete-se para 3.3.3. *supra*.

da harmonização no espaço comunitário dos procedimentos de RAL de consumo, designadamente pela transposição da Diretiva RAL, se se percorrerem os diferentes ordenamentos jurídicos nacionais europeus, podemos constatar que não existe nos mesmos uma solução idêntica à que foi consagrada no Direito português. Assim sucede, pelo menos, no Direito francês, no Direito alemão, no Direito italiano e no Direito espanhol.

Observemos.

a) Direito francês

I. No *Direito francês*, a resolução de litígios de consumo é objeto de extenso tratamento no Código de Consumo (*Code de la Consommation*)[19-20], ao longo do Livro VI. Porém, este Livro, apesar de constituído por cinco títulos – mediação, ações judiciais por associações de defesa dos consumidores, competência do juiz, sanções e disposições relativas ao ultramar (*l'outre-mer*) –, nada estabelece quanto à arbitragem de consumo. Apenas no artigo L. 612-4 do Código de Consumo se refere que é proibida a cláusula ou convenção que obrigue o consumidor, em caso de litígio, a recorrer obrigatoriamente à mediação previamente à ação judicial e, na parte regulamentada, no artigo R212-2 (10.º) do mesmo Código[21], que se presumem abusivas as cláusulas nos contratos celebrados entre profissionais e consumidores que tenham por objeto, ou efeito, suprimir ou entravar a ação judicial do consumidor, designadamente fixando a obri-

[19] Aprovado pela Lei n.º 93-949, de 29 de julho de 1993. Última alteração pela Lei n.º 2022-1258, de 26 de setembro.

[20] Na realidade, o *Code de la Consommation* constitui uma compilação, ou consolidação, de leis, organizadas segundo uma estrutura onde se inseriram preceitos anteriores, formalmente revogados pela lei que aprovou o código. Cf. Carlos Ferreira de Almeida, *Direito do consumo*, Almedina, Coimbra, 2005, p. 62.

O Código de Consumo foi objeto de regulamentação pelo Decreto n.º 2016-884, de 29 de junho. Última alteração pelo Decreto n.º 2017-1166, de 12 de julho.

[21] *Vide* ainda, a este propósito, o § 2 do artigo 2061.º do Código Civil francês, na redação introduzida pela Lei n.º 2016-1547, de 18 de novembro. Sobre as anteriores redações do artigo 2061.º do Código Civil francês, cf. Marie-Claire Rivier, *L'arbitrage et le contrat de consommation: Le point sur l'etat du droit*, in https://www.memoireonline.com/10/06/218/arbitrage-contrat-consommation-etat-du-droit.html (41 pp.), pp. 7-11.

gação de recorrer exclusivamente à arbitragem ou a um meio alternativo de resolução de litígios.

II. Destaque ainda para a *Ordonnance* n.º 2055-1033, de 20 de outubro, relativa à resolução extrajudicial de conflitos de consumo, que transpôs a Diretiva RAL para o Direito francês[22], introduzindo diversas alterações noutros diplomas[23]. Contudo, estas alterações não tiveram impacto na arbitragem de consumo, dado centrarem-se na mediação de conflitos de consumo.

No Direito francês, a transposição da Diretiva RAL foi ainda completada com o Decreto n.º 2015-1382, de 30 de outubro, mas apenas sobre a mediação de conflitos de consumo, procurando generalizar este instrumento extrajudicial de resolução de conflitos a praticamente todos os setores da economia[24].

III. Em face do exposto, no Direito francês, temos de nos socorrer do regime geral, previsto no *Code Civil*[25], concretamente nos artigos 2059.º a 2069.º, conjugados com os artigos 1442.º a 1449.º do Código de Processo Civil Francês[26]. Daqui se extrai que a resolução de conflitos de consumo por arbitragem carece de um acordo das partes quanto ao seu funcionamento[27].

b) Direito alemão

I. No que diz respeito ao *Direito alemão*, importa começar por referir que, contrariamente ao que sucede no Direito português e noutros orde-

[22] Para uma análise mais global, *vide* EMMANUEL GUINCHARD, "The implementation of the consumer ADR Directive in France", in *The new regulatory framework for consumer dispute resolution* (org. Pablo Cortés), Oxford University Press, Croydon, 2016 (pp. 149-168), pp. 157-164.

[23] A saber: no Código do Consumo, no Código Monetário e Financeiro, no Código dos Seguros, no Código da Segurança Social e no Código do Mutualismo.

[24] EMMANUEL GUINCHARD, "The implementation of the ...", cit., pp. 158-159.

[25] Promulgado a 21 de março de 1804. Última alteração pela Lei n.º 2022-899, de 17 de junho.

[26] Aprovado pelo Decreto n.º 75-1123, de 1 de dezembro de 1975. Última alteração pelo Decreto n.º 2022-899, de 17 de junho.

[27] Quanto à arbitragem obrigatória e à sua natureza excecional no Direito francês hodierno, cf. ANDREA PINNA, "Refléxions sur l'arbitrage forcé", in *Gazette du Palais*, n.º 351, 2008, pp. 6-12.

namentos jurídicos no espaço europeu, não há uma lei geral do consumidor, mas inúmeros diplomas dos quais é possível retirar uma proteção legal dos consumidores. Entre estes[28], com especial destaque, o Código Civil alemão (BGB)[29].

Começando pelo BGB, este Código foi objeto de importantes alterações, nas suas reformas de 2000 e 2001/2002[30], com reflexos na tutela dos consumidores. A saber: a noção de consumidor[31]; formas especiais de distribuição nas vendas comerciais fora de estabelecimento e nas vendas à distância[32]; os princípios aplicáveis aos contratos de consumo[33]; a revogação e a restituição nos contratos de consumo[34]; a venda de consumo[35]; o direito de habitação periódica[36]; o contrato de crédito ao consumidor[37] e a intermediação nos contratos de crédito ao consumidor[38]. Contudo, apesar destas reformas, não se previu uma regra em matéria de resolução alternativa de conflitos de consumo, concretamente quanto ao recurso à arbitragem.

[28] *Vide*, ainda, a Lei da Concorrência Desleal alemã (UWG – *Gesetz gegen unlauteren Wettbewerd*), de 3 de julho de 2004 (última alteração pela Lei de 24 de junho de 2022), com diversas normas destinada à tutela dos consumidores, em particular em matéria de práticas comerciais desleais, assim como a Lei Contra as Restrições à Concorrência alemã (GWB – *Gesetz gegen Wettbewerbschänkungen*), de 26 de agosto de 1998 (última alteração pela Lei de 19 de julho de 2021).

[29] Carlos Ferreira de Almeida, *Direito do consumo*, cit., p. 64.

[30] António Menezes Cordeiro, *Da modernização do Direito Civil I Volume (Aspectos Gerais)*, Almedina, Coimbra, 2004, pp. 69 e ss., em especial pp. 117 e ss., quanto à integração no BGB da defesa do consumidor.

[31] *Vd.* § 13 do BGB. Quanto ao conceito de profissional/empresário ("*Unternehemer*"), *vide* § 14 do BGB.

[32] Cf. § 310 (3) do BGB.

[33] Vejam-se §§ 312 e ss. do BGB. *Vd.* ainda Menezes Cordeiro, *Da modernização* ..., cit., pp. 124-125.

[34] Cf. §§ 355 e ss. do BGB. Veja-se, na doutrina, Menezes Cordeiro, *Da modernização* ..., cit., p. 123.

[35] Cf. §§ 474-479 do BGB.

[36] Cf. §§ 481-487 do BGB e, na doutrina, Menezes Cordeiro, *Da modernização* ..., cit., pp. 125-126.

[37] *Vide* §§ 491 e ss. do BGB, e Menezes Cordeiro, *Da modernização* ..., cit., pp. 126-127.

[38] *Vd.* §§ 655a e ss. do BGB.

Em todo o caso, sobressai a proibição geral do § 309 (14) do BGB[39], com as especificidades do § 310 (3) do BGB nos contratos com consumidores[40], de cláusulas contratuais gerais que só permitam a reclamação judicial após realização de tentativa de resolução extrajudicial do litígio.

II. Especificamente nos conflitos de consumo, é forçoso aludir à Lei de Resolução Alternativa de Litígios (VSBG – *Verbraucherstreitbeilegungsgesetz*), de 19 de fevereiro de 2016[41], equiparável à nossa L. n.º 144/2015, de 8 de setembro. Porém, este diploma, apesar da sua importância, não prevê esquemas de resolução alternativa de litígios injuntivos para o profissional[42]. Somente deveres de informação, gerais e específicos, ao profissional.

Começando pelo *dever geral de informação*, a VSBG consagra, no seu § 36, a obrigação de os empresários/profissionais, que não caem nas situações previstas no (2)[43], de informarem o público, nos seus *websites* e nas cláusulas contratuais gerais que empreguem, de modo acessível, claro e compreensível, se estão dispostos ou obrigados a tomar parte na

[39] Cf. Wolfgang Wurmnest, "Comentários § 309", in *Münchener Kommentar zum BGB*, Band 2, 9.ª ed., Beck, Munique, 2022, Nsm 1-11, e Markus Stoffels, "Comentários § 309 Nr 14", in *Staudinger Kommentar zum BGB*, Buch 2, 18.ª ed., Schwitzer Verlag KG Walter de Gruyter & Co., Berlim, 2019, esp. Nsm 2, 3 e 5.

[40] Cf. Matteo Fornasier, "Comentários § 310", in *Münchener Kommentar zum BGB*, Band 2, 9.ª ed., Beck, Munique, 2022, Nsm 45-117, e Markus Stoffels, "Comentários § 310", in *Staudinger Kommentar zum BGB*, Buch 2, 18.ª ed., Schwitzer Verlag KG Walter de Gruyter & Co., Berlim, 2019, Nsm 64-86.

[41] Última alteração pela Lei de 25 de junho de 2020. Genericamente sobre a VSBG, cf. Rosa Miquel, "The implementation of the consumer ADR Directive in Germany", in *The new regulatory framework for consumer dispute resolution* (org. Pablo Cortés), Oxford University Press, Croydon, 2016 (pp. 169-189), pp. 179-185, e Peter Rott, "Consumer ADR in Germany", in *EuCML*, 2018, pp. 121-125.

[42] Cf. § 5 (2) e § 15 da VSBG. Segundo Rosa Miquel, "The implementation ...", cit., p. 180, este diploma nem sequer visa a arbitragem. *Vd.* ainda Jörn Steike, "Comentários § 5", in *Borowski, Röthmeyer und Steike VSBG Kommentar*, 2.ª ed., Nomos, Baden-Baden, 2021, Nsm 12-15, e Sascha Borowski, "Comentários § 15", in *Borowski, Röthmeyer und Steike VSBG Kommentar*, 2.ª ed., Nomos, Baden-Baden, 2021, Nsm 10.

[43] Jörn Steike, "Comentários § 36", in *Borowski, Röthmeyer und Steike VSBG Kommentar*, 2.ª ed., Nomos, Baden-Baden, 2021, Nsm 16-17.

resolução de disputas por recurso à arbitragem[44]. Esta obrigação compreende, na hipótese de os profissionais não estarem obrigados a tomar parte na resolução de conflitos por arbitragem e de não desejarem resolver um futuro conflito de consumo através dos procedimentos previstos na VSBG, o dever de informar o público dessa situação e opção. O cumprimento deste dever permite ao público em geral saber, de antemão, como é que o profissional se comportará em caso de litígio, antes sequer da formação do contrato[45], podendo ser relevante para a sua decisão de contratar.

Quanto ao *dever especial de informação,* consta do § 37 da VSBG, que estabelece a obrigação de todos os empresários que celebrem um contrato de consumo[46] de informar, por escrito, os consumidores, perante uma disputa específica não solucionada, se estão dispostos ou obrigados a tomar parte na sua resolução por recurso à arbitragem[47]. Este dever específico perante um litígio concreto traz a vantagem de prevenir custos e esforços desnecessários ao consumidor, numa tentativa de resolução de conflito num centro de arbitragem incompetente.

III. Deste modo, em termos de arbitragem de consumo, há que atender ao disposto nesta matéria no Código de Processo Civil alemão (ZPO), no seu Livro X, que, no essencial, incorpora as regras da UNCITRAL[48]. Deste livro, pode extrair-se que a resolução do conflito de consumo por arbitragem pressupõe convenção nesse sentido[49]. Não havendo, o profissional só fica obrigado à arbitragem se for previamente aderente de um

[44] Cf. Jörn Steike, "Comentários § 36", cit., Nsm 6-14, Christian Nordholtz/Eduard Weber, "Hinweispflichten von Unternehmern auf Websites und in AGB nach dem Verbraucherstreitbeilegungsgesetz", in *NJW*, 2018, pp. 3057-3060, sobre esta obrigação e o respetivo conteúdo, e Peter Root, "Consumer ADR ...", cit., p. 122.

[45] Jörn Steike, "Comentários § 36", cit., Nm 11.

[46] Jörn Steike, "Comentários § 37", in *Borowski, Röthmeyer und Steike VSBG Kommentar*, 2.ª ed., Nomos, Baden-Baden, 2021, Nsm 1 e 2.

[47] Jörn Steike, "Comentários § 37", cit., Nsm 6 e 7.

[48] Para uma visão geral sobre a arbitragem no Direito alemão, cf. Johannes Trappe, "Arbitration in Germany – some aspects and comparison of law", *in* SchiedsVZ 2013, pp. 167-172, e António Menezes Cordeiro, *Tratado da arbitragem*, Almedina, Coimbra, 2015, pp. 31-33.

[49] Cf. §§ 1029 e ss. da ZPO, em particular § 1031 (5).

centro de arbitragem ou pertencer a associação cujos estatutos obriguem os associados a participar num processo arbitral.

Em suma, em matéria de resolução extrajudicial de conflitos de consumo no Direito alemão, a regra é a da sua voluntariedade por ambas as partes[50].

IV. No entanto, sectorialmente, há duas situações nas quais o legislador impõe ao profissional a participação em processo de arbitragem por opção do consumidor, com vista à resolução de conflitos de consumo[51].

Observemos.

A primeira delas é na Lei do Tráfego Aéreo de 1922 (LuftVG – *Luftverkehrsgesetz*), que em 2013, fruto de um trabalho legislativo intenso[52], introduziu o § 57a[53] e na Portaria de Arbitragem do Tráfego Aéreo (*LuftSchlichtV*)[54]. Até então, apesar da plêiade de direitos substantivos dos passageiros aéreos e do seu desenvolvimento, as pretensões dos passageiros desenrolavam-se nos tribunais civis, por as companhias aéreas não aceitaram participar na arbitragem[55]. Contudo, a partir de 2013, os consumidores passaram a ter o direito, nos conflitos até € 5000 e relativos a embarques negados, atraso ou cancelamento de voos, destruição, perda ou atraso de bagagem e quanto à violação das regras relativas ao transporte de passageiros com deficiência ou mobilidade reduzida, de,

[50] Além da ZPO, podemos encontrar, sectorialmente, alguma legislação que prevê a possibilidade de resolução de conflitos de consumo por arbitragem. Contudo, sempre voluntariamente. Cf.: no direito dos seguros, o § 214 da Lei do Contrato de Seguro (VVG – *Gesetz über den Versicherungsvertrag*); ao nível do direito da concorrência e direito do consumo, o § 14 da Lei relativa às ações inibitórias em matéria de direitos dos consumidores e outras infrações (UKlaG – *nichtamtliches Inhaltsverzeichnis*) e, nos contratos de serviços jurídicos, o § 191f do Regulamento Federal dos Advogados (BRAO – *Bundesrechtsanwaltsordnung*).

[51] Peter Root, "Consumer ADR ...", cit., p. 122.

[52] Hans-Goerg Bollweg, "Schlichtung im Luftverkehr", in *NZV*, 2015 (pp. 361-366), pp. 362-363.

[53] Cf. Uta Sigl, "Comentários Luftfahrt (Nr. 500)", in *Münchener Kommentar zum VVG*, Band 3, 2.ª ed., Beck, Munique, 2017, Nsm 523-524, e Hans-Goerg Bollweg, "Schlichtung im Luftverkehr", cit., pp. 364 e ss.

[54] Aprovada pela Lei de 11 outubro de 2013. Última alteração pela Lei de 19 de fevereiro de 2016.

[55] Hans-Goerg Bollweg, "Schlichtung im Luftverkehr", cit., pp. 361-362.

unilateralmente, impor a arbitragem junto de autoridade pública[56] às transportadoras aéreas que não aceitem voluntariamente participar numa arbitragem privada[57].

A segunda situação consta da Lei em Matéria de Energia alemã, de 7 de julho 2005[58] (ENWG – *Energiewirtschaftsgesetz*), que estabelece um procedimento de participação compulsória em procedimento de arbitragem. Segundo o § 111b[59] da ENWG, o consumidor tem o direito de solicitar a realização de arbitragem para dirimir litígio com empresa relativo a ligação à rede, ao fornecimento ou à medição de energia, sempre que esta não tenha resolvido a reclamação apresentada pelo consumidor de acordo com o procedimento estabelecido no § 111a da ENWG[60]. Assim, o recurso potestativo à arbitragem por iniciativa do consumidor está dependente de um procedimento preliminar obrigatório de reclamação[61] sem sucesso do consumidor junto da empresa de fornecimento/operador/prestador do serviço. Deste modo, a demandada tem a oportunidade de apreciar a reclamação e, assim o entendendo, de resolver a situação sem necessidade de envolver um terceiro[62]. Neste procedimento prévio, a parte demandada tem de examinar e apreciar a reclamação do consumidor, respondendo à mesma. No caso de o profissional reclamado não dar procedência à pretensão do consumidor, deve justificar por escrito os motivos da sua posição[63], informando o consumidor da possibilidade de o conflito ser resolvido por arbitragem e de a reclamada estar obrigada a participar na mesma[64]. Caberá ao consumidor, perante a resposta da

[56] Esta entidade é a *Schlichtungsstelle für den öffentlichen Personenverkehr* (SÖP). Cf. https://soep-online.de/en/.

[57] Cf. § 57b da LuftVG. *Vd.* Hans-Goerg Bollweg, "Schlichtung im Luftverkehr", cit., pp. 363-364, e Rosa Miquel, "The implementation ...", cit., p. 173.

[58] Última alteração pela Lei de 20 de julho de 2022.

[59] Erik Ahnis, "Comentários § 111b", in *Theobald/Külhing Energierecht Kommentar*, Band 1, 116.ª ed., Beck, Munique, 2022, Nsm 6-29, e Jürgen Kessler, "Comentários § 111b", in *Säcker, Berliner Kommentar zum Energierecht*, Band 1, 4.ª ed., Beck, Munique, 2019, Nsm 11-19.

[60] Erik Ahnis, "Comentários § 111a", in *Theobald/Külhing Energierecht Kommentar*, Band 1, 116.ª ed., Beck, Munique, 2022, Nsm 5-32.

[61] Erik Ahnis, "Comentários § 111b", cit., Nsm 1, 12 e 13.

[62] Erik Ahnis, "Comentários § 111b", cit., Nm 12.

[63] Erik Ahnis, "Comentários § 111a", cit., Nsm 33-41.

[64] Erik Ahnis, "Comentários § 111b", cit., Nsm 23 e 24.

demandada e os motivos por esta apresentados, avançar, ou não, para a arbitragem.

c) Direito italiano

I. No *Direito italiano*, as disposições em matéria de tutela dos consumidores constam, além do Código Civil[65], essencialmente do Código do Consumo (*Codice del Consumo*) de 2005[66]. Concretamente na Parte V deste Código, sob a epígrafe "Associações de Consumidores e Acesso à Justiça", no Título II-bis, inserido em 2015[67], relativo à "Resolução extrajudicial de controvérsias", constituído por dez artigos (arts. 141 a 141-decies). Percorrendo estes artigos, é possível observar que o seu âmbito de aplicação está pensado para os procedimentos voluntários de composição extrajudicial de resolução de controvérsias de consumo[68], dispondo-se ainda que o consumidor não pode ser privado, em caso algum, do direito de recorrer ao tribunal competente qualquer que tenha sido ("*qualunque*") o resultado do processo de composição extrajudicial do conflito[69]. Com vista a assegurar esta regra, estabelece ainda o legislador no *Codice del Consumo*, a propósito do conteúdo dos contratos de consumo em geral, a presunção de que são vexatórias ("*clausole vessatorie*") as cláusulas que

[65] Cf. artigo 1469-bis do *Codice Civile*, uma vez que os artigos 1469-ter a 1469-sexies foram revogados pelo artigo 142 do Código de Consumo de italiano.

[66] Aprovado pelo Decreto Legislativo n.º 206, de 6 de setembro de 2005. Última alteração pela Lei n.º 238, de 21 de dezembro de 2021.

[67] Inserido pelo Decreto Legislativo n.º 130, de 6 de agosto de 2015, que procedeu à transposição da Diretiva RAL. Cf. Carlo Pilia/Pablo Cortés/Paolo Vargiu, "The implementation of the consumer ADR Directive in Italy", in *The new regulatory framework for consumer dispute resolution* (org. Pablo Cortés), Oxford University Press, Croydon, 2016 (pp. 209-227), pp. 221 e ss., e Anna Maria Mancaleoni, "La risoluzione extragiudiziale delle controversie dei consumatori dopo la Direttiva 2013/11/UE", in *Europa e Diritto Privato*, 3, 2017, pp. 1065-1110.

[68] *Vide* o n.º 4 do artigo 141 do Código do Consumo italiano e Marta Magliulo, "Anotação ao artigo 141", in *Codice de Consumo*, dir. Vicenzo Cuffaro (coord. Angelo Barba e Andra Barenghi), 5.ª ed., Giufrrè, Milão, 2019 (pp. 1082-1094), pp. 1089-1090.

[69] Cf. o n.º 10 do artigo 141 do *Codice del Consumo*, e, na doutrina, Anna Maria Mancaleoni, "La risoluzione extragiudiziale ...", cit., p. 1108, e Marta Magliulo, "Anotação ao artigo 141", cit., pp. 1093-1094, em especial quanto à interpretação de "*qualunque*", que, numa primeira análise, poderia até compreender os casos em que as partes resolveram com êxito o litígio de consumo.

tenham por objeto, ou efeito, derrogar a competência das autoridades judiciárias [cf. al. *t)* do n.º 2 do art. 33 do *Codice del Consumo*][70].

II. Pontualmente, nalguns sectores, o legislador impõe a obrigatoriedade da tentativa de resolução extrajudicial de certas controvérsias. Não através da arbitragem, mas de outros procedimentos[71]. Assim sucede nos seguintes casos, todos mencionados no n.º 6 do artigo 141 do *Codice del Consumo*[72-73]:

– Nalgumas controvérsias civis e comerciais, onde a mediação é condição de admissibilidade do pedido judicial[74-75];

[70] Nos termos do n.º 1 do artigo 36 do *Codice del Consumo*, as cláusulas vexatórias são nulas, permanecendo o contrato válido quanto às demais cláusulas. Cf. Guido Alpa, "Le clausole arbitrali nei contratti del consumatore", in *Rivista Arbitrato*, 4, 2006 (pp. 619-626), pp. 621 e ss., observando que esta nulidade é uma "nulidade de proteção", por operar apenas em vantagem do consumidor, e Elena Zucconi Galli Fonseca, "Tutela arbitrale e técnica del proceso: la clausola compromissoria nei contratti di consumo", in *Rivista Trimestrale di Diritto e Procedura Civile*, n.º 2, 2014, pp. 997-1030.

[71] Carlo Pilia/Pablo Cortés/Paolo Vargiu, "The implementation of...", cit., pp. 212 e ss.

[72] *Vd.* Marta Magliulo, "Anotação ao artigo 141", cit., pp. 1091-1092, e Olga Desiato, "Le politiche dell'Unione Europea in favore della «degiurisdizionalizzazione» e i più recenti interventi del legislatore italiano in tema di ADR per i consumatori", in *Responsabilitá Civile e Previdenza*, Vol. 81, n.º 5, 2016 (pp. 1793-1808), pp. 1806-1808.

[73] Nos conflitos em matéria de indemnização por danos provenientes de acidentes de viação ou de embarcações ou no pedido de indemnização de pagamento não superior a € 50 000,00, o legislador impõe ao demandante, antes de intentar uma ação judicial, a tentativa da sua resolução extrajudicial através de um mecanismo específico: a *negociação assistida por advogados*. A participação neste procedimento é, nos termos da lei, condição de procedibilidade da ação judicial. Prevista no n.º 1 do artigo 3 do Decreto-Lei n.º 132, de 12 de setembro de 2014 (última alteração pelo Decreto Legislativo n.º 187, de 30 de dezembro 2020), esta imposição encontra-se, porém, excluída nas controvérsias resultantes de obrigações derivadas de contratos celebrados entre consumidores e profissionais.

[74] Artigo 5, 1-bis, do Decreto Legislativo n.º 28, de 4 de março de 2010 (última alteração pelo Decreto Legislativo n.º 68, de 21 de maio de 2018). *Vide*, ainda: Leonardo Bugiolacchi, "*La mediazione obbligatoria nelle controversie civili e commerciali dopo la conversione in legge del «decreto letta»*", in *Responsabilità Civile e Previdenza*, n.º 1, 2014, pp. 349-359; Ernesto Fabiani/Mauro Leo, "Prime riflessioni sulla «mediazione finalizzata alla conciliazione delle controversie civili e commerciali» di cui al D.Lgs N. 28/2010", in *Rivista del Notariato*, vol. 64, fasc. 4, 2010, pp. 893-940; Carlo Pilia/Pablo Cortés/Paolo Vargiu, "The implementation of...", cit.,

- No setor das comunicações eletrónicas, onde se prevê a tentativa obrigatória de conciliação, junto da Autoridade para a Garantia das Telecomunicações[76];
- Nos conflitos de energia e gás, onde tem lugar, após reclamação, tentativa obrigatória de conciliação junto da Autoridade da Energia Elétrica, Gás e Sistema Hídrico (atualmente a ARERA – *Autorità di Regolazione per Energia Reti e Ambiente*)[77].

III. Termos em que, quanto às controvérsias de direito de consumo, apesar de serem arbitráveis, a sua resolução por este mecanismo é voluntária[78], carecendo de uma convenção das partes[79].

d) Direito espanhol

I. *E no Direito espanhol?*

No Direito espanhol, se se percorrer a Lei Geral de Defesa dos Consumidores e dos Utentes (*Ley General para la Defensa de los Consumidores y Usuarios*)[80-81], diploma de referência nesta matéria, podemos constatar

pp. 212-215, mencionado que, após a mediação obrigatória, o número de mediações subiu de poucas centenas para mais de 300 000 por ano; Giulio Spina, *Mediazione obbligatoria, in* https://www.altalex.com/documents/altalexpedia/2016/11/16/mediazione-civile (32 pp.), pp. 4 e ss., com abundantes indicações jurisprudenciais.

[75] No *Direito alemão*, nos termos do § 15a da Lei de Introdução do Código de Processo Civil (*Einführungsgesetz ZPO*, aprovado pela Lei de 30 de janeiro de 1987. Última alteração pela Lei de 10 de setembro de 2021), é permitida a criação de uma barreira geral de acesso imediato aos tribunais. Nas situações previstas no mesmo, autoriza-se que a lei estadual possa exigir que, previamente à demanda judicial, tenha de ter havido uma tentativa de resolução amigável do litígio extrajudicial. Apesar de esta possibilidade não compreender explicitamente os conflitos de consumo, pode cair na situação prevista no § 15a (1) 1, relativa às disputas pecuniárias até € 750. Nestes casos, o efeito prático da previsão de tal solução será o adiamento do processo judicial até à obtenção de certidão de recurso a conciliação falhada. *Vd.* Rosa Miquel, "The implementation ...", cit., pp. 178 e 183.

[76] Artigo 1, n.º 11, da Lei n.º 249, de 31 de julho de 1997.

[77] Artigo 2, n.º 24, al. *b*), da Lei n.º 481, de 14 de novembro de 1995.

[78] Carlo Pilia/Pablo Cortés/Paolo Vargiu, "The implementation of ...", cit., pp. 222-223.

[79] Cf. artigos 806 e ss. do Código de Processo Civil italiano (*Codice di Procedura Civile*, de 1940).

[80] Aprovada pelo Real Decreto Legislativo 1/2007, de 16 de novembro. Última alteração pela Lei 4/2022, de 25 de fevereiro.

que a arbitragem de consumo obrigatória por iniciativa do consumidor não está prevista[82]. Nesta Lei, além de definir o Sistema Arbitral de Consumo[83], o legislador prevê que a sua organização, gestão e administração serão estabelecidas por regulamento do Governo. Adicionalmente, no que respeita à submissão das partes ("*consumidores e usuários y empresarios*") ao mencionado Sistema, determina esta Lei que deve ser voluntária e que a cláusula compromissória subscrita entre consumidor e empresário não será vinculativa para o consumidor[84].

[81] O mesmo sucede, em moldes idênticos, ao nível regional. Cf., a este propósito, o Código de Consumo da Catalunha, aprovado pela Lei 22/2010, de 20 de julho (última alteração pela Lei n.º 2/2021, de 29 de dezembro), em particular, os artigos 125-1 e 133-1 a 133-5.

[82] O mesmo acontece com a mediação, onde vale, em regra, a voluntariedade das partes.
Na Catalunha temos uma hipótese de *mediação obrigatória* em relação a ambas as partes. Consta do artigo 132-4 do Código de Consumo da Catalunha, cujo n.º 3, nos casos de execução hipotecária da residência de habitação, prevê que as partes em conflito devem recorrer à mediação antes de apresentarem uma demanda judicial. Se, no prazo de três meses contados do seu início, não tiverem alcançado um acordo satisfatório, qualquer das partes pode recorrer à demanda judicial. Esta solução, contudo, foi declarada inconstitucional por Sentença 54/2018, de 24 de maio, do Tribunal Constitucional Espanhol, no que diz respeito à mediação como um pressuposto processual necessário para o exercício da jurisdição.
Assim, tanto quanto é do nosso conhecimento, apenas numa situação específica se prevê a mediação obrigatória por iniciativa do consumidor: nas disputas no âmbito de seguro de responsabilidade civil por veículos a motor, em particular nos resultantes da falta de conformidade da oferta/resposta da seguradora ao pedido de pagamento pelo segurado. Nestes casos, nos termos do artigo 14 do Real Decreto Legislativo 8/2004, de 29 de outubro (última alteração pela Lei 35/2012, de 22 de setembro), que aprova o texto refundido da Lei sobre Responsabilidade Civil e Seguro na Circulação de Veículo a Motor, admite-se que o prejudicado possa solicitar o início de mediação.
Vd. ALICIA ARAYA ESTANCONA PÉREZ, "Los nuevos retos de los mecanismos de resolución alternativa de conflictos en consumo: una visión comparada entre España y Portugal", in *Themis. Revista da Faculdade de Direito da UNL*, a. 19, n.º 34, 2018 (pp. 43-84), pp. 75-76.

[83] Cf. artigo 57 do Real Decreto Legislativo 1/2007, de 16 de novembro (última alteração pela Lei 4/2022, de 25 de fevereiro). Segundo o seu número 1, o Sistema Arbitral de Consumo é o "*sistema extrajudicial de resolución de conflictos entre los consumidores y usuarios y los empresarios a través del cual, sin formalidades especiales y con carácter vinculante y ejecutivo para ambas partes, se resuelven las reclamaciones de los consumidores y usuarios, siempre que el conflicto no verse sobre intoxicación, lesión o muerte o existan indicios racionales de delito.*"

[84] Cf. n.º 1 do artigo 58 e n.º 4 do artigo 57 da Lei de Defesa dos Consumidores e dos Utentes, respetivamente. Na doutrina, *vide* ALICIA ESTANCONA PÉREZ, "Los nuevos retos ...", cit., p. 63.

Neste sentido, o Real Decreto 231/2008, de 15 de fevereiro, que regulou a organização do Sistema Arbitral de Consumo e o procedimento arbitral de consumo[85], pressupõe sempre a existência de um convénio arbitral das partes: seja este subscrito num contrato, seja por proposta pública unilateral de adesão do profissional, posteriormente aceite pelo consumidor, por meio de requerimento de submissão à arbitragem[86].

II. Do mesmo modo, a Lei da Arbitragem de Espanha[87], aplicável em tudo aquilo que não se encontre regulado pelo Real Decreto 231/2008[88], é omissa quanto à arbitragem potestativa por opção do consumidor, apenas pressupondo o convénio arbitral por contrato ou por disposição testamentária[89]. É, pois, esta a regra.

III. Contudo, a arbitragem obrigatória – imposta a ambas as partes ou por simples opção do consumidor –, não está proibida. Na verdade, o artigo 9 da Lei 7/2017, de 2 de novembro, apenas determina que "*ninguna de las partes tendrá la obligación de participar en el procedimiento ante una enti-*

No mesmo sentido, cf. os artigos 13 e 15 da Lei 7/2017, de 2 de novembro, que transpôs para o ordenamento jurídico espanhol a Diretiva RAL. Em termos práticos, estes artigos possibilitam ao consumidor desvincular-se unilateralmente de cláusula compromissória de consumo celebrada. Sobre esta Lei, *vide* Iuliana Raluca Stroie, "Análisis de la Ley 7/2017 ...", cit., e Alicia Estancona Pérez, "Los nuevos retos ...", cit., pp. 47-59. Sobre a transposição desta Diretiva, cf. Fernando Esteban de la Rosa, "The implementation of the consumer ADR Directive in Spain", in *The new regulatory framework for consumer dispute resolution* (org. Pablo Cortés), Oxford University Press, Croydon, 2016, pp. 275-296.

[85] Cf. artigo 1 do Real Decreto 231/2008, de 15 de fevereiro, e, sobre este diploma, Diana Marcos Francisco, "El arbitraje de consumo como medio extrajudicial de resolución de conflictos en la normativa española", in *Revista de Derecho Universidad Católica Norte*, a. 18, n.º 1, 2011, pp. 241-266, e Alberto José Lafuente Torralba, "A vueltas con el ámbito y límites del arbitraje de consumo: reflexiones a la luz del Real Decreto 231/2008, de 15 de febrero", in https://ruc.udc.es/dspace/bitstream/handle/2183/9196/comunicacions_14_Lafuente_Torralba_493-516.pdf?sequence=1&isAllowed=y, pp. 493-516.

[86] Cf. artigos 24 e 25 do Real Decreto 231/2008, de 15 de fevereiro, respetivamente.

[87] Aprovada pela Lei 60/2003, de 26 de dezembro. Última alteração pela Lei 42/2015, de 5 de outubro.

[88] Cf. n.º 1 do artigo 3 do Real Decreto 231/2008, de 15 de fevereiro.

[89] *Vd.* artigos 9 e 10 da Lei 60/2003, de 26 de dezembro.

dad de resolución alternativa de litigios de consumo, excepto cuando una norma especial así lo establezca"[90]. Assim, desde que prevista por norma especial, o legislador espanhol admite a arbitragem de consumo por mera opção do consumidor.

Não obstante, tanto quanto foi possível confirmar, o legislador espanhol limitou-se, sectorialmente[91], a incentivar o recurso aos mecanismos de resolução alternativa de litígios, prevendo expressamente a sua possibilidade. Mas não mais do que isso. Concretamente, nos serviços dos transportes, da energia e das telecomunicações.

Observemos.

A primeira situação é no *setor dos transportes*, concretamente na Lei 16/1987, de 30 de julho[92], que regula os transportes terrestres. Aqui prevê-se a possibilidade de os utentes dos mencionados serviços, consumidores ou não, resolverem, por sua opção, algumas das controvérsias aí existentes por recurso à arbitragem, através das *Juntas Arbitrales de Transporte* (JAT)[93]. Contudo, os conflitos da competência destas *Juntas Arbitrales* pressupõem um acordo das partes (n.º 1 do art. 38)[94]. Neste âmbito, o máximo que o legislador faz é presumir tal acordo sempre que o objeto da controvérsia não exceda € 15 000,00 e nenhuma das partes do contrato tenha expressamente manifestado vontade contrária antes

[90] Alicia Estancona Pérez, "Los nuevos retos ...", cit., p. 62.

[91] Fernando Esteban de la Rosa, "The implementation ...", cit., pp. 280-282.

V. g., além das situações descritas no texto principal, no *sector ferroviário*, o n.º 4 do artigo 62 da Lei 38/2015, de 29 de setembro (última alteração pelo Real Decreto-Lei 14/2022, de 1 de agosto), e o n.º 4 do artigo 89 do Real Decreto 2387/2004, de 30 de dezembro (última alteração pelo Real Decreto 448/2022, de 14 de junho).

[92] Última alteração pelo Real Decreto-Lei 3/2022, de 1 de março.

[93] Com maior desenvolvimento sobre estas Juntas, cf.: Alicia Araya Estancona Pérez, *Transporte terrestre de pasajero*, Tirant lo Blanch, Valencia, 2018, pp. 102-104; Regina Gascimartín Montero, "Las funciones de las Juntas Arbitrales del Transporte", in *Revista de Derecho Procesal*, n.º 1, 1998 (pp. 89-109), pp. 92 e ss. (em especial pp. 99-104); Manuel Ignacio Herrero de Egaña Muñoz-Cobo, "Spain's juntas arbitrales de transporte: a special dispute adjudication regime for small claims in land transport", in *Uniform Law Review*, V. 21, n.º 4, 2016, pp. 591-598, considerando que estas entidades não consubstanciam verdadeiros tribunais arbitrais.

[94] Com maior desenvolvimento sobre os artigos 37 e 38 deste diploma, cf. Alicia Estancona Pérez, "Los nuevos retos ...", cit., pp. 67-68.

da sua execução[95]. Assim, o recurso à arbitragem continua a pressupor um acordo das partes, mesmo que legalmente presumido.

Por sua vez, no *sector elétrico*, a Lei 24/2013, de 26 de dezembro, que regula este sector, limita-se, no seu artigo 43, n.º 4, a aludir à possibilidade de se recorrer ao sistema arbitral de consumo para a resolução de reclamação e a estabelecer, no número seguinte, que, assim não sucedendo, podem os utentes finais singulares submeter a controvérsia ao Ministério da Indústria, Energia e Turismo.

Por fim, no que respeita ao *setor das telecomunicações*, a Lei 11/2022, de 28 de junho, que aprova o regime geral das telecomunicações, somente reconhece, no seu artigo 78, n.º 1, relativo à resolução de controvérsias, o direito de os utentes finais singulares e de as microempresas disporem de um procedimento extrajudicial para resolverem os conflitos com os operadores.

2.4.2. No espaço lusófono

I. Também no confronto do regime nacional com os Direitos lusófonos, a solução portuguesa é original. Assim sucede comparativamente com o Direito angolano, o Direito moçambicano, o Direito de Cabo Verde, o Direito de São Tomé e Príncipe, o Direito de Timor-Leste, o Direito da Guiné-Bissau e, por último, com o Direito brasileiro.

Observemos.

a) Direito angolano

I. Começando pelo *Direito angolano*, na Lei de Defesa do Consumidor, aprovada pela Lei n.º 15/03, de 22 de julho, o direito à proteção jurídica, administrativa, técnica e à facilitação da defesa dos direitos do consumidor em juízo[96] não se concretiza no reconhecimento de uma vantagem específica ao consumidor, limitando-se o legislador a determinar que

[95] Parágrafo 3 do n.º 1 do artigo 38 da L. 16/1987, de 30 de julho. Cf. Regina Gascimartín Montero, "Las funciones ...", cit., p. 102, e Manuel Herrero de Egaña Muñoz-Cobo, "Spain's juntas arbitrales ...", cit., pp. 594-595. *Vide*, ainda, a Sentença 352/2006, de 14 de dezembro, do Tribunal Constitucional, sustentando a constitucionalidade da solução atual.

[96] Alínea *f*) do n.º 1 artigo 4.º da L. n.º 15/03, de 22 de julho.

incumbe à Administração Pública promover a criação e apoiar centros de arbitragem com o objeto de dirimir os conflitos de consumo, podendo ainda, ao nível judicial, a defesa dos interesses e direitos dos consumidores ser exercida individualmente ou a título coletivo[97]. Mais se prevê, ao nível das ações judiciais, com vista à sua facilitação, a isenção do consumidor no pagamento de custas, emolumentos, honorários[98] e quaisquer outras despesas, nem a sua condenação, salvo comprovada má-fé[99].

II. No demais, vale o estabelecido na Lei da Arbitragem de Angola, aprovada pela Lei n.º 16/03, de 25 de Julho, de onde temos de retirar que o conflito de consumo pode ser apreciado por um tribunal arbitral se existir uma convenção das partes que o preveja (arts. 1.º e 2.º).

b) Direito moçambicano

I. No *Direito moçambicano*, apesar de o legislador ter aprovado alguma legislação em matéria de Direito do consumo, não se prevê o direito de o consumidor impor ao profissional a resolução do conflito de consumo pela arbitragem. Nem genericamente, nem especificamente.

Genericamente, a Lei de Defesa do Consumidor, aprovada pela Lei n.º 22/2009, de 28 de setembro[100], não obstante reconhecer o direito do consumidor à proteção jurídica e a uma justiça acessível e pronta[101], limita-se, na concretização deste direito, a estabelecer que incumbe à Administração Pública promover a criação e o apoio de centros de arbitragem com o objetivo de dirimir os conflitos de consumo, e que o consumidor tem direito à isenção de preparos nos processos cujo valor da ação não exceda a alçada do Tribunal Judicial de Distrito de 1.ª Classe[102].

Em termos de legislação especial, o Regulamento de Proteção do Consumidor do Serviço de Telecomunicações, aprovado pelo Decreto n.º

[97] Artigo 27.º da L. n.º 15/03, de 22 de julho.

[98] Quanto ao pagamento dos honorários, não sendo os mesmos devidos ao Estado, não se divisa como possa ser imposta a sua gratuitidade.

[99] Artigo 29.º da Lei n.º 15/03, de 22 de julho.

[100] Por sua vez, esta Lei foi objeto de Regulamento, aprovado pelo Decreto n.º 27/2016, de 18 de julho.

[101] Alínea *g)* do n.º 1 do artigo 5.º da Lei n.º 22/2008, de 28 de setembro.

[102] Artigo 18.º/2 da L. n.º 22/2008, de 28 de setembro.

44/2019, de 22 de maio, unicamente prevê, entre os direitos do consumidor[103], o direito de reclamar da fatura cobrada indevidamente[104].

II. Assim, nos termos gerais[105], a resolução de conflitos de consumo por arbitragem pressupõe o consentimento de ambas as partes.

c) Direito de Cabo Verde

I. Avançando para o Direito de *Cabo Verde*, no Regime Jurídico de Proteção e Defesa dos Consumidores, aprovado pela Lei n.º 88/V/98, de 31 de dezembro, é reconhecido ao consumidor o direito à resolução judicial dos conflitos em que seja parte pelo processo mais célere previsto na Lei geral, incluindo as providências cautelares, e ainda o direito à isenção de preparos de custas judiciais nos processos em que seja parte[106].

Posteriormente, a Lei n.º 88/VI/2006, de 9 de Janeiro[107], que consagrou as regras da prestação de serviços públicos essenciais[108] destinadas à proteção do utente[109], limitou-se a estabelecer, no seu artigo 13.º, que os prestadores de serviços devem fomentar a arbitragem para dirimir eventuais conflitos com os utentes.

II. Deste modo, atento o regime descrito, a resolução de conflitos de consumo por meio da arbitragem pressupõe, segundo o previsto no regime geral – a Lei da Arbitragem Voluntária[110]–, um acordo das partes.

[103] Cf. artigos 10.º e ss. do Decreto n.º 44/2019, de 22 de maio.

[104] Cf. artigo 14.º do Decreto n.º 44/2019, de 22 de maio. *Vide*, ainda, os artigos 34.º e 35.º do mesmo diploma.

[105] Veja-se a alínea *a)* do n.º 2 do artigo 2.º e o artigo 4.º da L. n.º 11/99, de 8 de julho, que rege a Arbitragem, a Conciliação e a Mediação em Moçambique.

[106] Alíneas *h)* e *i)* do artigo 7.º da L. n.º 88/V/98, 2005, de 31 de dezembro, respetivamente.

[107] Alterada pela L. n.º 21/VIII/2012, de 19 de dezembro.

[108] Nos termos do n.º 2 do artigo 1.º da L. n.º 88/VI/2006, de 9 de janeiro, os serviços públicos abrangidos são os seguintes: fornecimento de água, fornecimento de energia elétrica e serviço fixo de telefone.

[109] Nos termos do n.º 3 do artigo 1.º da L. n.º 88/VI/2006, de 9 de janeiro, considera-se utente a pessoa singular ou coletiva que adquira serviços públicos essenciais para consumo próprio.

[110] *Vide* artigos 3.º e ss. da L. n.º 76/VI/2005, de 16 de agosto. Especificamente quanto ao recurso à arbitragem para a resolução de conflitos em matéria tributária, cf. artigo 92.º do

d) Direito de São Tomé e Príncipe

I. No Direito de *São Tomé e Príncipe*, o consumidor não pode submeter a resolução de conflitos de consumo à arbitragem sem o consentimento da parte contrária. Com efeito, a Lei de Defesa do Consumidor nacional apenas consagra[111], ainda que sem o concretizar, o direito do consumidor à celeridade nas resoluções dos conflitos judiciais em que seja parte e à isenção de preparos de custas judiciais nesses processos.

II. Termos em que, na ausência de regra especial, vale a regra da voluntariedade das partes, prevista na Lei da Arbitragem Voluntária deste país[112].

e) Direito de Timor-Leste

I. Em *Timor-Leste*, a Lei de Proteção ao Consumidor, aprovada pela Lei n.º 8/2016, de 8 de julho, e cuja regulamentação ainda não foi efetuada, nada prevê em relação ao direito à proteção jurídica do consumidor[113]. Apenas nos diz que todas as ações adequadas à tutela dos direitos do consumidor são admissíveis[114].

II. Logo, no que concerne à resolução de conflitos por via da arbitragem, o consenso dos litigantes tem de se verificar. Também aqui com fundamento no regime jurídico da arbitragem voluntária[115].

f) Direito da Guiné-Bissau

I. Ainda na senda do Direito lusófono, podemos observar que no Direito da *Guiné-Bissau* nem sequer temos aprovada legislação genérica

Código de Processo Tributário, aprovado pela L. n.º 48/VIII/2013, de 20 de dezembro, e a Lei n.º 108/VIII/2016, de 28 de janeiro.

[111] L. n.º 9/2017, de 26 de maio. *Vide*, em particular, as alíneas *h)* e *i)* do artigo 7.º deste diploma.

[112] Cf. artigos 1.º e seguintes da L. n.º 9/2006, de 20 de outubro.

[113] Alínea *g)* do n.º 1 do artigo 5.º da L. n.º 8/2016, de 8 de julho. Na doutrina, cf. João Pedro Campos, "A tutela dos consumidores no ordenamento jurídico de Timor-Leste. Aspetos Gerais", in *e-BLJ*, a. 1, n.º 1, 2018, pp. 65-89.

[114] Cf. artigo 28.º da L. n.º 8/2016, de 8 de julho.

[115] *Vide* alínea *a)* do n.º 1 do artigo 3.º do Regime Jurídico da Arbitragem Voluntária, aprovado pela L. n.º 6/2021, de 31 de março.

de defesa do consumidor. O que significa, quanto à arbitragem, incluindo a de consumo, que rege o disposto na Lei da Arbitragem Voluntária, constante da Lei n.º 19/2010, de 8 de outubro. Segundo esta, é necessário o acordo das partes para a resolução de conflitos por arbitragem[116].

g) Direito brasileiro

I. Por fim, o *Direito brasileiro*. Também aqui não se reconhece ao consumidor o direito potestativo de exigir a arbitragem. Não obstante, entre as regras da arbitragem e dos direitos do consumidor, destacam-se duas[117]: especificamente, o artigo 51, VII, do Código de Defesa do Consumidor[118]; em termos gerais, o artigo 3.º e o § 2.º do artigo 4.º da Lei de Arbitragem[119].

- Código de Defesa do Consumidor:

"Art. 51. São nulas de pleno direito, entre outras, as cláusulas contratuais relativas ao fornecimento de produtos e serviços que:

[...]

VII – determinem a utilização compulsória de arbitragem."[120]

[116] Cf. artigos 1.º/1 e 36.º da Lei n.º 19/2010, de 8 de outubro.

[117] Sobre a articulação entre o artigo 51, VII, do Código de Defesa do Consumidor e o § 2.º do artigo 4.º da Lei de Arbitragem, cf.: Larissa Alderete/Nilton César Antunes da Costa, "Arbitragem nas relações de consumo como via de acesso à justiça", in *Revista Direito UFMS*, Vol. 1, n.º 1, 2015 (pp. 189-212), pp. 205-207; Fátima Nancy Andrighi, "Arbitragem nas relações de consumo: uma proposta concreta", in *Revista de Arbitragem e Mediação*, Vol. 9, 2006 (pp. 13-21), pp. 14 e ss.; Eliana Baraldi, "Arbitragem nas relações de consumo", in *Revista de Arbitragem e Mediação*, Vol. 20, 2009 (pp. 253-268), pp. 263-264; João Glicério de Oliveira Filho/Rafael Carneiro D'Ávila Teixeira, "Limites e possibilidades da arbitragem nas relações de consumo", in *Revista de Direito Civil Contemporâneo*, Vol. 16, 2018 (pp. 159-179), pp. 164 e ss.; Gustavo Pereira Leite Ribeiro, *Arbitragem nas relações de consumo*, Editora Afiliada, Juruá, 2006, pp. 160 e ss. A maioria da doutrina mostra-se favorável à subsistência de ambos os artigos.

[118] Aprovada pela L. n.º 8.078, de 11 de setembro de 1990. Última alteração pela L. n.º 14.181, de 1 de julho de 2021. Sobre este artigo 51, cf. Leonardo Garcia, *Código de Defesa do Consumidor Comentado artigo por artigo*, Editora JusPodivm, 17.ª ed., Bahia, 2022, pp. 485-487.

[119] Aprovada pela L. n.º 9.307, de 23 de setembro de 1996. Última alteração: L. n.º 13.129, de 26 de maio de 2015.

[120] Segundo a posição do Superior Tribunal de Justiça, ainda que haja cláusula contratual nos termos da qual o consumidor consinta na arbitragem, esta só será válida se o consumidor concordar, após a ocorrência do dano ou do problema, na resolução do diferendo por arbitragem.

• Lei de Arbitragem:

"Art. 3.º As partes interessadas podem submeter a solução de seus litígios ao juízo arbitral mediante convenção de arbitragem, assim entendida a cláusula compromissória e o compromisso arbitral.

Art. 4.º A cláusula compromissória é a convenção através da qual as partes em um contrato comprometem-se a submeter à arbitragem os litígios que possam vir a surgir, relativamente a tal contrato.

§ 1.º A cláusula compromissória deve ser estipulada por escrito, podendo estar inserta no próprio contrato ou em documento apartado que a ele se refira.

§ 2.º Nos contratos de adesão, a cláusula compromissória só terá eficácia se o aderente tomar a iniciativa de instituir a arbitragem ou concordar, expressamente, com a sua instituição, desde que por escrito em documento anexo ou em negrito, com a assinatura ou visto especialmente para essa cláusula."

II. Deste modo, nos termos gerais da Lei da Arbitragem, a arbitragem de consumo será sempre consensual, facultativa. Se o profissional (fornecedor) não quiser a arbitragem, não tendo as partes celebrado qualquer convenção de arbitragem, o consumidor não terá outra alternativa que não a de submeter o litígio aos tribunais do Estado. Tendo as partes celebrado uma cláusula compromissória, num contrato de adesão, a arbitragem só pode ter lugar por consentimento do consumidor[121].

Cf., Recurso Especial n.º 1.169.841 – RJ (2009/02398-0), de 6 de dezembro de 2012 (Nancy Andrighi). Deste modo, o consumidor pode, até o último momento, não concordar com a arbitragem e decidir-se pelos tribunais estaduais, à semelhança do que sucede entre nós atento o disposto no artigo 13.º/1 da L. n.º 144/2015. *Vide*, ainda Superior Tribunal de Justiça Recurso Especial n.º 819.519/PE – PE (2006/0030668-2), de 9 de outubro de 2007 (Humberto Gomes de Barros).

[121] Leonardo Garcia, *Código de Defesa do Consumidor ...*, cit., p. 486. *Vide* ainda Superior Tribunal de Justiça Recurso Especial n.º 1189050 – SP 2010/0062200-4, de 14 de março de 2006 (Luís Filipe Salomão).

III. Atualmente, no Direito brasileiro, está em discussão um projeto de lei que visa estabelecer a obrigatoriedade de o consumidor só poder aceder aos tribunais do Estado depois de ter passado previamente por um Centro de Conciliação e Mediação. Concretamente, o Projeto de Lei n.º 533, de 2019[122], que pretende alterar os artigos 17 e 491 do Código de Processo Civil Brasileiro, estabelecendo que, relativamente a direitos patrimoniais disponíveis, o interesse processual é evidenciado pela resistência do réu em satisfazer a pretensão do autor. Que, por sua vez, esta resistência poderá ser demonstrada pela tentativa extrajudicial de satisfação da pretensão diretamente junto do réu ou por intemédio dos órgãos de defesa do consumidor. Nesta proposta, a tentativa de resolução extrajudicial do conflito seria uma condição de procedibilidade para o consumidor no tribunal.

No entanto, discute-se se o mencionado projeto é constitucional, face ao direito de pleno acesso à justiça previsto no n.º XXXV do artigo 5.º da Constituição Federal do Brasil.

[122] Disponível em https://www.camara.leg.br/proposicoesWeb/prop_mostrarintegra;jsessionid=node010go7thwk62ebbrhhfbgk66d012459147.node0?codteor=1708243&filename=PL+533/2019.

3.
Artigo 14.º, n.ºs 2 e 3, da Lei de Defesa do Consumidor

3.1. Conflitos de consumo

I. A proteção jurídica conferida no n.º 2 do artigo 14.º da LDC tem por objeto os conflitos de consumo. Assim, a primeira questão que se levanta é qual o significado de "*conflito de consumo*"[123]. Por outras palavras, que situações estão compreendidas em tal noção.

Apesar de a LDC não nos dar uma noção de "conflito de consumo", analisando o seu artigo 14.º, podemos extrair do mesmo que a proteção jurídica aí estabelecida pressupõe um conflito jurídico ou litígio[124] que, ademais, será de consumo. Assim, o conflito de consumo resulta da conjugação de dois elementos: um conflito jurídico ou litígio, por um lado; que o objeto desse conflito seja uma relação de consumo, por outro.

II. A proteção jurídica do artigo 14.º da LDC pressupõe, em primeiro lugar, um conflito jurídico ou litígio. Retomando noção anteriormente adotada[125], o conflito jurídico ou litígio consiste na *contraposição de interesses*, regra geral sobre um direito subjetivo, efetivo ou afirmado, *que surge de uma pretensão não satisfeita ou negada*. Neste último caso, cada uma das partes reclama uma tutela jurídica oposta, abstratamente reconhecida,

[123] Sobre a noção de "litígio de consumo" no âmbito dos serviços públicos essenciais, *vide* Paulo Duarte, "A chamada ...", cit., pp. 462-464.

[124] Com maior desenvolvimento, quanto ao conceito de conflito jurídico ou litígio, cf. Tiago Soares da Fonseca, *A transação civil na litigância extrajudicial e judicial*, reimp. da 1.ª ed., Gestlegal, Coimbra, 2022, pp. 223 e ss., cuja exposição se retoma.

[125] Tiago Soares da Fonseca, *A transação ...*, cit., p. 237.

subjacente à pretensão ou à sua não satisfação. Os seus elementos base são, pois, do lado ativo, a pretensão e, do lado passivo, a resistência.

Quanto à *pretensão*, significa, para estes efeitos, o ato jurídico traduzido na exigência da subordinação de outrem ao interesse próprio[126-127]. Subjacente à pretensão, está, em regra, um direito subjetivo – no limite, uma expectativa jurídica –, o qual é afirmado perante outrem, expressa ou tacitamente, relativo a uma coisa (*direito real*), a uma conduta devida ou omitida (*direito de crédito*) ou a um dever geral de respeito (*v. g.*, *direito de personalidade*).

Do lado passivo, o litígio pressupõe uma *oposição* (intelectual ou material) ou, numa aceção mais ampla, um comportamento passivo, uma *resistência*[128]. Estruturalmente, a resistência é idêntica à pretensão: em regra, um comportamento inverso, de refutação da subordinação à pretensão, podendo ser ou não fundada[129]. Poderá concretizar-se, ou não, na afirmação de um direito de sinal contrário ao direito invocado ou subjacente à pretensão.

III. Em segundo lugar, para a proteção jurídica prevista no artigo 14.º/2 da LDC, não basta a existência de um conflito jurídico. É ainda necessário que o mesmo seja de um determinado tipo: um conflito jurídico (qualificado) de consumo.

[126] Tiago Soares da Fonseca, *A transação ...*, cit., pp. 229 e ss.

[127] A doutrina dominante reconduz a pretensão ao poder creditício de exigir de outrem um certo comportamento. Cf. Oliveira Ascensão, *Direito civil – Teoria geral*, Vol. III, "Relações e situações jurídicas", Coimbra Editora, Coimbra, 2002, pp. 60-61, Menezes Cordeiro, *Tratado de direito civil*, I, "Introdução – Fontes do direito – Interpretação da lei – Aplicação das leis no tempo – Doutrina geral", 4.ª ed., Almedina, Coimbra, 2012, p. 904, Pedro Pais de Vasconcelos/Pedro Leitão Pais de Vasconcelos, *Teoria geral do direito civil*, 9.ª ed., Almedina, Coimbra, 2019, pp. 268-269, e Antunes Varela, *Das obrigações em geral*, Vol. I, reimp. da ed. de 2000, Almedina, Coimbra, 2005, p. 132. Destaque ainda para João de Castro Mendes, *Teoria geral do direito civil*, Vol. I, Lições 1978-1979, AFFDL, Lisboa, 1995, p. 480, e Adriano Paes da Silva Vaz Serra, "Obrigações – Ideias preliminares gerais", in *BMJ*, n.º 77, 1958 (pp. 5-123), pp. 40-41.

[128] Tiago Soares da Fonseca, *A transação ...*, cit., pp. 233 e ss.

[129] Tiago Soares da Fonseca, *A transação ...*, cit., p. 234.

Ora, um conflito jurídico de consumo, como a designação indicia, é um litígio que, do ponto de vista relacional, envolve um consumidor[130]. Podemos extrair esta afirmação do n.º 2 do artigo 14.º da LDC, mas também da sua articulação com o artigo 3.º da LDC, que elenca os direitos do consumidor, e o facto de aquele artigo concretizar um desses direitos. Constatação essa que, por sua vez, apesar da polissemia da noção e de a aplicação de certos diplomas de Direito do consumo estar circunscrita a consumidores singulares[131], nos conduz ao n.º 1 do artigo 2.º da LDC, nos termos do qual "*considera-se consumidor todo aquele a quem sejam fornecidos bens, prestados serviços ou transmitidos quaisquer direitos, destinados a uso não profissional, por pessoa que exerça com carácter profissional uma actividade económica que vise a obtenção de benefícios*"[132-133]. Desta noção legal, podemos

[130] Jorge Morais Carvalho/João Pedro Pinto-Ferreira/Joana Campos Carvalho, *Manual de resolução ...*, cit., p. 23.

[131] Não se trata, contudo, do único conceito de consumidor no nosso ordenamento, existindo outros:
- Artigo 2.º/*g*) do DL n.º 84/2021, de 18 de outubro, que aprovou o regime de proteção do consumidor na compra e venda de bens, conteúdos e serviços digitais: "pessoa singular que, no que respeita aos contratos [...], atue com fins que não se incluam no âmbito da sua atividade comercial, industrial, artesanal ou profissional";
- Artigo 3.º/*d*) do L. n.º 144/2015, de 8 de setembro, sobre a resolução alternativa de litígios de consumo: "pessoa singular quando atue com fins que não se incluam no âmbito da sua atividade comercial, industrial, artesanal ou profissional";
- Artigo 4.º/1/*a*) do DL n.º 133/2009, de 2 de junho, relativo a contratos de crédito aos consumidores: "pessoa singular que, nos negócios jurídicos [...], atua com objetivos alheios à sua atividade comercial ou profissional";

Assim, alinhando com Carlos Ferreira de Almeida, *Direito do consumo*, cit., p. 47, entre nós, a noção de consumidor pode variar consoante o instituto a aplicar. Relativamente à mesma situação, podemos ter uma pessoa que, para efeitos da proteção conferida por certo diploma é "consumidor", mas não já para efeitos da aplicação da proteção conferida por outro diploma. Impõem-se, por isso, especiais cautelas aos práticos.

[132] Com maior desenvolvimento, quanto a esta noção de consumidor, cf. Jorge Morais Carvalho, *Manual de direito ...*, cit., pp. 29-46, David Falcão, *Lições de direito ...*, cit., pp. 16-24, e Sandrina Laurentino, "Os destinatários da legislação do consumidor", *in Estudos de Direito do Consumidor*, n.º 2, Centro de Direito do Consumo, Coimbra, 2000 (pp. 415-434), pp. 423-432.

[133] Quanto à noção de consumidor, para efeitos da L. n.º 144/2015, cf. Jorge Morais Carvalho/João Pedro Pinto-Ferreira/Joana Campos Carvalho, *Manual de resolução ...*, cit., pp. 24 e ss.

retirar que, quanto aos sujeitos, a relação de consumo[134] pressupõe, *subjetivamente*, um consumidor e, como contraparte, um profissional.

Quanto ao *consumidor*, atenta a letra da lei, pode ser uma pessoa singular, mas também uma pessoa coletiva[135], desde que os bens, os serviços ou os direitos transmitidos sejam fora do domínio da sua atividade e não se destinem a um uso profissional.

Nos termos gerais de distribuição do ónus da prova, caberá àquele que pretende ser qualificado como consumidor, beneficiando do seu regime - quer em termos substantivos quer em termos de poder unilateralmente submeter a resolução do litígio a centros de arbitragem de conflitos de consumo – a alegação e a prova dos factos que permitem dar como demonstrado tal conceito e os seus diferentes elementos (subjetivo, mas também objetivo e teleológico abaixo explanados) que o compreendem[136]. Não havendo qualquer restrição, tal demonstração poderá ser feita pelos diferentes meios de prova admitidos, inclusivamente, por declarações de parte[137]. Neste contexto, a mera propositura de uma reclamação arbitral num centro de arbitragem de conflitos de consumo não será suficiente para provar a existência de um consumidor. Apenas, implicitamente, a alegação de tal qualidade. Identicamente, a simples junção, por um comprador, de uma fatura com a menção de "consumidor final",

Por fim, cf. Jorge Morais Carvalho, *Compra e venda e fornecimento de conteúdos e serviços digitais – Anotação ao Decreto-Lei n.º 84/2021, de 18 de Outubro*, Almedina, Coimbra, 2022, pp. 21-22, quanto à noção de consumidor para efeitos do DL n.º 84/2021, de 18 de outubro.

134 Segundo Paulo Duarte, "A chamada ...", cit., p. 456, a relação jurídica de consumo "corresponde aos vínculos jurídicos (em regra, de natureza obrigacional) que resultam *(ex lege* ou *ex negotio)* de uma determinada *situação de consumo*". Por sua vez, segundo o mesmo autor, *ibidem*, p. 455, a *situação de consumo* é "aquela em que alguém, fora do exercício de uma actividade empresarial ou profissional, adquire, utiliza ou contacta com bens ou serviços fornecidos ou postos no mercado por alguém que actue no exercício de uma actividade profissional."

135 *V. g.*, Jorge Morais Carvalho, *Manual de direito ...*, cit., pp. 32-33, em especial em relação ao condomínio, David Falcão, *Lições de direito ...*, cit., pp. 17 e ss., e Sandrina Laurentino, "Os destinatários ...", cit., pp. 429-430.

136 Artigo 342.º/1 do CC. Na doutrina, cf. Micael Martins Teixeira, "A prova no Direito do consumo: uma abordagem tópica", in *I Congresso de Direito do Consumo* (coord. Jorge Morais Carvalho), Almedina, Coimbra (pp. 139-158), p. 149, e Jorge Morais Carvalho, *Compra e venda e fornecimento ...*, cit., p. 150.

137 Cf. artigo 466.º do CPC.

ainda que sujeita a livre apreciação do tribunal, não constitui, a nosso ver, prova documental suficiente para, por si só, qualificar o comprador como consumidor.

No que concerne ao *profissional*, será a pessoa, singular ou coletiva, pública[138] ou privada (art. 2.º/2 da LDC), que exerça, com carácter profissional, uma atividade económica que vise a obtenção de benefícios[139].

IV. Por sua vez, o objeto da relação de consumo consiste no fornecimento de bens, na prestação de serviços ou na transmissão de direitos, sendo que, nessa relação jurídica, o consumidor se apresenta como beneficiário, independentemente de a causa desse benefício ser negocial ou não[140], gratuita ou onerosa. Paradigmaticamente, o fornecimento do bem, a prestação do serviço ou a transmissão do direito ao consumidor terá fonte contratual, mas, para efeitos do disposto na LDC[141], não é necessário que assim aconteça, como sucede, por exemplo, nos casos de responsabilidade pré-contratual e pós-contratual[142]. Apenas é necessário que o consumidor dê/ou pretenda dar aos bens fornecidos, serviços prestados ou direitos transmitidos / aos bens a fornecer, serviços a prestar ou direitos a transmitir um uso não profissional. Segundo a doutrina[143], o *elemento teleológico* da noção de consumidor. Na densificação preconizada

[138] Jorge Morais Carvalho, *Manual de direito ...*, cit., p. 42.

[139] Cf. artigo 2.º/*0*) do DL n.º 84/2021, de 18 de outubro: "pessoa singular ou coletiva, pública ou privada, que atue, inclusivamente através de qualquer outra pessoa em seu nome ou por sua conta, para fins relacionados com a sua atividade comercial, industrial, artesanal ou profissional [...]".

Com maior desenvolvimento, cf. Jorge Morais Carvalho, *Manual de direito ...*, cit., pp. 42 e ss.

[140] Jorge Morais Carvalho, *Manual de direito ...*, cit., p. 33, e Paulo Duarte, "A chamada ...", cit., p. 456.

[141] Cf. nota 134 *supra*, quanto a proteções circunscritas a fornecimentos de bens ou prestações de serviços de origem negocial. Nalguns casos até, apenas em relação a certos contratos em especial. Cf. Jorge Morais Carvalho, *Manual de direito ...*, cit., pp. 33-34.

[142] De modo idêntico, considerando que a *situação de consumo* abrange os contratos de consumo, mas não se esgota nos mesmos, cf. Paulo Duarte, "A chamada ...", cit., pp. 456-457.

[143] *V. g.*, Jorge Morais Carvalho, *Manual de direito ...*, cit., pp. 34-42, e David Falcão, *Lições de direito ...*, cit., pp. 23-24.

pelo STJ[144], "*aquele que adquirir bens ou serviços para satisfação de necessidades pessoais e familiares (uso privado) e para outros fins que não se integrem numa actividade económica levada a cabo de forma continuada regular e estável*".

Nos casos de uma utilização mista, a doutrina tem defendido que a melhor solução para ainda estarmos perante uma relação de consumo é a de o uso predominante do bem ser não profissional[145], cabendo ao consumidor o ónus da prova de um uso predominante não profissional. No regime atual, pelo menos para efeitos dos direitos do consumidor na compra e venda de bens, conteúdos e serviços digitais, cujo regime passou a ser o que consta no DL n.º 84/2021, de 18 de outubro[146], esta solução foi expressamente acolhida. Com efeito, nos casos de utilização mista, nos termos do artigo 49.º do DL n.º 84/2021, de 18 de outubro [147], a verificação de uso profissional pelo consumidor desde que a finalidade comercial não seja predominante no contexto global do contrato, não obsta à aplicação do regime previsto neste diploma, em sintonia com o que foi previsto pelo legislador comunitário[148]. De todo o modo, para efeitos deste diploma, o consumidor terá de ser uma pessoa singular[149].

[144] STJ de 13 de julho de 2017, Proc. n.º 1594/14.9TJVF.2.G1.SE (PINTO DE ALMEIDA), disponível em www.dgsi.pt.

[145] JORGE MORAIS CARVALHO, *Manual de direito ...*, cit., pp. 38-39, JORGE MORAIS CARVALHO/JOÃO PEDRO PINTO-FERREIRA/JOANA CAMPOS CARVALHO, *Manual de resolução ...*, cit., p. 32, SANDRINA LAURENTINO, "Os destinatários ...", cit., p. 424, e FERNANDO BAPTISTA DE OLIVEIRA, *O conceito de consumidor: perspectivas nacional e comunitária*, Almedina, Coimbra, 2009, p. 88.

Contra: PEDRO MADEIRA FROUFE, "A noção de consumidor a crédito, à luz do ordenamento comunitário e português (Algumas notas críticas)", in *Scientia iuridica*, t. 48, n.º 280-282, 1999 (pp. 427-441), p. 436, para efeitos de aplicação do regime de proteção dos consumidores a crédito, e MENEZES LEITÃO, "*Caveat venditor?* A Directiva 1999/44/CE do Conselho e do Parlamento Europeu sobre a venda de bens de consumo e garantias associadas e suas implicações no regime jurídico da compra e venda", in *Estudos em Homenagem ao Prof. Doutor Inocêncio Galvão Telles*, Vol. I (org. António Menezes Cordeiro, Luís Menezes Leitão e Januário da Costa Gomes), Almedina, Coimbra, 2002 (pp. 263-303), p. 273 (a propósito do DL n.º 67/2003, de 8 de abril).

[146] Este diploma revogou o DL n.º 67/2003, de 8 de abril [art. 54.º/*b)*].

[147] Cf. MENEZES LEITÃO, *Direito das obrigações*, Vol. III, 14.ª ed., 2022, Almedina, Coimbra, pp. 139-140, e JORGE MORAIS CARVALHO, *Compra e venda e fornecimento ...*, cit., pp. 148-151.

[148] Cf. considerando (18) da Diretiva RAL.

[149] Cf. artigo 2.º/*g)* do DL n.º 84/2021, de 18 de outubro.

V. Em face do exposto, para efeitos do disposto no artigo 14.º da LDC, podemos definir conflito jurídico ou litígio de consumo como a *contraposição de interesses*, regra geral sobre um direito subjetivo, efetivo ou afirmado, *que surge de uma pretensão não satisfeita ou negada relativa a uma relação de consumo*[150]. Isto é, de uma relação nos termos da qual alguém (o consumidor), adquire/pretende adquirir bens ou serviços para uso privado ou para outro tipo de uso que não seja profissional a alguém que os disponibiliza ou presta no âmbito do exercício de uma atividade profissional.

Assim, teremos um conflito de consumo, se A., vendedor de automóveis, comprar um automóvel para usar na sua vida privada e deslocações para o trabalho que posteriormente avaria, como na hipótese de B., estudante, estando numa loja de costura para subir a bainha das calças, escorregar no chão, por o piso estar molhado, magoando-se. Mas já não é um litígio de consumo o emergente de uma compra defeituosa de computadores a uma empresa de informática para serem distribuídos a trabalhadores em teletrabalho, ou o proveniente da execução desconforme de uma pintura que um vizinho contratou a um amigo não profissional. Tão-pouco é litígio de consumo o litígio entre profissionais ou entre consumidores.

VI. A noção de conflito ou litígio de consumo para efeitos da LDC é, deste modo, semelhante àquela que podemos encontrar noutros diplomas ou regulamentos de centros de arbitragem.

A L. n.º 144/2015, de 8 de outubro[151] (que transpôs para a ordem jurídica nacional a Diretiva RAL[152]), estabeleceu os princípios e as regras a que deve obedecer o funcionamento das entidades de resolução alternativa de litígios de consumo e o seu enquadramento jurídico em Portugal. Apesar de não nos dar uma definição de litígio de consumo, apre-

[150] Paulo Duarte, "A chamada ...", cit., p. 462, identifica o litígio de consumo como todo aquele que tenha a sua origem em quaisquer situações de consumo. Por sua vez, Jorge Morais Carvalho/João Pedro Pinto-Ferreira/Joana Campos Carvalho, *Manual de resolução ...*, cit., p. 23, identificam o litígio de consumo como aquele que resulta de uma relação de consumo em que intervém um consumidor.

[151] Última alteração: DL n.º 9/2021, de 29 de janeiro.

[152] Cf. nota 9.

senta as noções de "litígio nacional" e de "litígio transfronteiriço" [als. *h)* e *i)*, respetivamente do art. 3.º[153]]. Destas definições podemos retirar que, para efeitos deste diploma, o litígio de consumo é um litígio relativo a duas classes de contratos de consumo: compra e venda ou prestação de serviços de profissionais a consumidores. Assim, para efeitos da L. n.º 144/2015, a noção de conflito de consumo é mais restrita.

De modo idêntico, se percorrermos os diferentes regulamentos dos centros de arbitragem de conflitos de consumo, podemos observar que os mesmos, a propósito da respetiva competência material, promovem a resolução de conflitos de consumo, para este efeito designados como os que decorrem da aquisição de bens, da prestação de serviços ou da transmissão de quaisquer direitos destinados a uso não profissional e fornecidos por pessoa singular ou coletiva, que exerça com carácter profissional uma atividade económica que visa a obtenção de benefícios[154] ou de fins lucrativos[155].

VII. Genericamente[156], os conflitos de consumo caracterizam-se *i)* por um desequilíbrio das partes, encontrando-se o consumidor numa posi-

[153] Nos termos das mesmas, "litígio nacional" é um litígio em matéria contratual resultante de um contrato de compra e venda ou de prestação de serviços se o consumidor, no momento em que encomenda os bens ou serviços, residir no mesmo Estado membro em que o fornecedor de bens ou prestador de serviços está estabelecido e, por sua vez, "litígio transfronteiriço" é um litígio em matéria contratual resultante de um contrato de compra e venda ou de prestação de serviços se o consumidor, no momento em que encomenda os bens ou serviços, residir num Estado membro diferente do Estado membro em que o fornecedor de bens ou prestador de serviços está estabelecido.

[154] Cf. artigo 4.º/2 dos Regulamentos do CIAB, do CICAP, do CNIACC, do TRIAVE, do CACRC e do CIMAAL. Disponíveis, respetivamente, em: https://www.ciab.pt; https://www.cicap.pt; https://www.cniacc.pt; https://www.triave.pt; https://cacrc.pt e https://www.consumidoronline.pt.

[155] Cf. artigo 4.º/2 do Regulamento do CACCL. Regulamento disponível em www.centroarbitragemlisboa.pt.

[156] Cátia Marques Cebola, "Mediação e arbitragem de conflitos de consumo: panorama português", in *Revista Portuguesa de Direito do Consumo*, n.º 70, 2012 (pp. 13-49), pp. 16-19, "A mediação nos conflitos de consumo em Portugal", in *Revista Luso-Brasileira de Direito do Consumo*, 15, 2014 (pp. 155-166), p. 157, Isabel Oliveira, "A arbitragem de consumo", in *Estudos de Direito do Consumidor*, n.º 2, Coimbra, 2000 (pp. 371-413), p. 372, e Rui Mascare-

ção de inferioridade, *ii*) por serem de baixo valor ("*small claims*"), *iii*) em número elevado e recorrente e, por fim, *iv*) pela sua proveniência tanto fronteiriça como transfronteiriça, impulsionada pelas aquisições fora do Estado, através da Internet. Contudo, são apenas características gerais, não sendo necessário para a existência de um conflito de consumo nem um desequilíbrio das partes, nem que o conflito seja de baixo valor. Basta pensar, por exemplo, num conflito a propósito da venda de um automóvel elétrico novo com defeitos, em que o consumidor pretende a resolução do contrato ou, por hipótese, na aquisição de um programa de computador defeituoso a uma loja, por um programador, para o seu computador pessoal. Na primeira situação, o valor do conflito é elevado. Na segunda, dificilmente se poderá falar de um desequilíbrio das partes. Contudo, em ambos os casos, o conflito é de consumo.

3.2. O reduzido valor económico do conflito consumo

3.2.1. Noção e consequências

I. Para aplicação do regime em análise, não é suficiente a existência de um conflito de consumo. É, ademais, necessário atender ao valor do mesmo, uma vez que apenas os conflitos de consumo de reduzido valor económico podem estar sujeitos a arbitragem ou mediação necessárias. E, para este efeito, considera-se conflito de consumo de reduzido valor económico aquele cujo valor não excede a alçada dos tribunais de 1.ª instância (art. 14.º/3 da LDC). O que significa, considerando o disposto no artigo 44.º/1 da LOSJ[157], o conflito até € 5000,00.

II. Deste modo, na presença de um conflito de consumo superior a € 5000,00, o consumidor deixa de poder promover, por sua iniciativa, a

NHAS ATAÍDE/INÊS SÍTIMA CRAVEIRO, "Arbitragem institucionalizada de litígios de Direito do Consumo: apontamentos ao âmbito de aplicação da Lei n.º 144/2015, de 8 de Setembro (Mecanismos de Resolução Extrajudicial de Litígios de Consumo)", in *Revista Internacional de Arbitragem e Conciliação*, V. 13, 2020 (pp. 37-86), pp. 43-44.

[157] Aprovada pela L. n.º 62/2013, de 26 de agosto. Última alteração pela L. n.º 77/2021, de 23 de novembro.

sua resolução por arbitragem ou mediação[158]. A sua sujeição a tais mecanismos volta a depender da vontade de ambas as partes. Seja ela manifestada por cláusula compromissória, compromisso arbitral, seja ainda, conforme sucede com alguma frequência nas arbitragens em Entidades de RAL, por adesão do profissional[159] posteriormente acompanhada por adesão do consumidor.

Perante uma pretensão de valor superior a € 5000,00 em que o operador profissional não aceite o recurso à arbitragem/mediação, o consumidor-reclamante terá duas opções: ou recorrer aos tribunais estaduais ou, reduzindo o valor da pretensão inicial até ao limite de € 5000,00, acionar a arbitragem necessária. Nesta última situação, o consumidor-reclamante terá de avaliar as vantagens e os inconvenientes de tal opção. Se considerar que a redução do pedido até ao limite de € 5000,00, em termos de celeridade da resolução, de custos com o processo e de não estar obrigado a fazer-se representar por mandatário, supera a vantagem de pedir o valor integral, como considera ser devido, junto de um tribunal estadual, pode dispor do excedente, renunciando à sua reclamação.

3.2.2. *Inconstitucionalidade?*

I. O limite da sujeição à arbitragem necessária dos conflitos de consumo até € 5000,00 conduz, sempre que tal seja a opção do consumidor[160], à retirada da sua apreciação pelo tribunal estadual. Isto é, a decisão que vier a ser proferida pelo tribunal arbitral será definitiva. Com efeito, apesar de tal não estar expressamente previsto no artigo 14.º da LDC, é o que resulta da sua articulação com os regulamentos dos diferentes centros de arbitragem de conflitos de consumo.

[158] Apenas se se tratar de um conflito relativo a um serviço público essencial, a arbitragem necessária continua a ser permitida, independentemente do seu valor (cf. art. 15.º/1 da L. n.º 23/96).

[159] O profissional manifesta a sua aceitação da arbitragem como forma de resolução do litígio em causa (adesão pontual) ou de quaisquer conflitos de consumo (adesão plena), mais declarando aceitar, como regras de processo a observar, as constantes dos regulamentos aprovados no Centro em questão. Cf. Jorge Morais Carvalho/João Pedro Pinto-Ferreira/Joana Campos Carvalho, *Manual de resolução ...*, cit., pp. 177 e ss.

[160] Cf. 3.3. *infra*.

Senão vejamos.

II. Segundo o disposto no n.º 4 do artigo 14.º da LDC, o tribunal arbitral necessário será o dos centros de arbitragem de conflitos de consumo legalmente autorizados. Ora, neste contexto, se percorrermos os regulamentos dos diferentes centros de arbitragem de conflitos de consumo, podemos observar que, em todos eles, está afastado o recurso da sentença arbitral proferida no conflito de consumo de reduzido valor económico.

Nos Regulamentos do CACCL, do CACRC, do CIAB, do CICAP, do CIMAAL, do CNIACC e do TRIAVE[161], prevê-se que a sentença arbitral apenas é suscetível de recurso se o valor do processo for superior ao da alçada do tribunal judicial de primeira instância e tiver sido decidida segundo o direito. Sendo o valor da alçada dos tribunais de 1.ª instância de € 5000,00[162], significa que a sentença arbitral em conflito de consumo não é passível de recurso.

Por sua vez, os Regulamentos do CACCRAM[163], do CASA[164] e do CIMPAS[165], ao estabelecerem que da decisão arbitral cabem, para o Tribunal da Relação, os mesmos recursos que caberiam da sentença proferida pelo tribunal de comarca, conduzem, do ponto de vista prático, a solução equivalente. Com efeito, nos termos do n.º 1 do artigo 629.º do CPC, o recurso ordinário só é admissível quando a causa tenha valor superior à alçada do tribunal de que se recorre e a decisão impugnada seja desfavorável ao recorrente em valor superior a metade da alçada desse tribunal. Solução equivalente, mas não igual. Com efeito, no CACCL, no CACRC, no CIAB, no CICAP, no CIMAAL, no CNIACC e no TRIAVE, basta o

[161] Cf. artigo 15.º/4 dos respetivos Regulamentos. Contudo, no caso do CACCL e do CACRC, atento o disposto no artigo 6.º dos respetivos Regulamentos, nos termos dos quais a competência destes centros em razão do valor é até € 5000,00, o previsto no artigo 15.º/4 dos respetivos Regulamentos é letra morta no que ao recurso diz respeito.

[162] *Vd.* artigo 44.º/1 da LOSJ.

[163] Cf. artigo 16.º/1 e 2 do Regulamento do CACCRAM, aprovado pela P. n.º 28/2006, de 27 de fevereiro, *in* Jornal Oficial da Região Autónoma da Madeira, I série, n.º 31, de 17 de março de 2006.

[164] Cf. artigo 52.º/2 e 3 do Regulamento do CASA, disponível em www.arbitragemauto.pt.

[165] Cf. artigo 29.º/2 do Regulamento do CIMPAS, disponível em www.cimpas.pt.

valor da causa exceder € 5000,00 para a decisão ser recorrível[166]. Pelo contrário, no CACCRAM, no CASA e no CIMPAS, além de o valor da causa ter de exceder € 5000,00, é necessário que a sucumbência seja em valor superior a metade da alçada. Assim, as hipóteses de recurso nestes últimos três centros são mais reduzidas. O que significa que, excedendo o valor da causa € 5000,00, e na hipótese de o litígio poder ser submetido em mais de um centro de arbitragem, este aspeto deverá ser tomado em consideração pelo consumidor na hora de decidir qual o centro onde vai submeter a resolução do litígio.

Por fim, no Regulamento do CAUAL prevê-se que a sentença arbitral não é passível de recurso, salvo se na convenção de arbitragem se haja previsto o contrário (art. 37.º/1)[167].

Em suma, independentemente do centro de arbitragem de conflitos de consumo onde a arbitragem necessária se desenrole, a sentença proferida pelo tribunal arbitral tem, quanto ao mérito, a última palavra, no sentido de que a parte vencida não pode recorrer da mesma, ficando precludido um reexame judicial por um tribunal estadual. À parte vencida apenas é permitido, nas situações taxativamente previstas na lei, impugnar a sentença arbitral, através de pedido de anulação (art. 46.º da LAV). Este meio, contudo, não supre, numa ótica de acesso a uma tutela jurisdicional efetiva, o recurso da decisão[168].

III. Significa, portanto, que o acesso aos tribunais estaduais para a defesa dos direitos e interesses legalmente protegidos fica afastado às partes nos conflitos de consumo de reduzido valor económico. Afastado para o consumidor, ainda que por seu impulso, a partir do momento em que decide submeter o litígio à arbitragem. Mas afastado também para o profissional, cuja vontade é irrelevante na submissão do litígio à arbitragem.

[166] Jorge Morais Carvalho/João Pedro Pinto-Ferreira/Joana Campos Carvalho, *Manual de resolução ...*, cit., p. 115.

[167] Regulamento disponível em https://arbitragem.autonoma.pt.

[168] Acórdão do TC n.º 230/13, de 24 de abril (Carlos Fernandes Cadilha; Declaração de voto: Pedro Machete; Vencida: Maria João Antunes), disponível em http://www.tribunalconstitucional.pt/tc/acordaos/20130233.html.

Ora, o n.º 2 do artigo 14.º da LDC, articulado com o regime dos regulamentos dos centros de arbitragem de conflitos de consumo, suscita, a nosso ver, dúvidas acerca da sua conformidade com o direito fundamental previsto no n.º 1 do artigo 20.º da Constituição[169]. Nos termos do mesmo, a todos é assegurado o acesso aos tribunais do Estado para defesa dos seus direitos e interesses legalmente protegidos. Mas, como acabamos de ver, nos casos de arbitragem necessária de conflitos de consumo de reduzido valor económico, tal não ocorre seguramente para o profissional. Nem no momento da constituição do tribunal arbitral, que não depende da sua anuência, mas de opção do consumidor, nem após a prolação da sentença arbitral, que, *ope legis*, não admite recurso. Ou seja, o profissional não pode aceder ao tribunal estadual nem no seu espoletar, por ocasião da constituição do tribunal arbitral, nem posteriormente, controlando o juízo de mérito da decisão do tribunal arbitral sobre a causa, por recurso. Não porque assim o tenha decidido, mas porque assim foi decidido, a montante, pelo consumidor e, a jusante, pelo legislador e pelos regulamentos dos centros de arbitragem.

IV. Outrora, a solução legal acima descrita já foi prevista a propósito da arbitragem necessária desportiva[170], tendo motivado a intervenção do Tribunal Constitucional. Ainda que num contexto não totalmente

[169] Também com dúvidas acerca da constitucionalidade desta solução, cf. Sofia Ribeiro Mendes, "A arbitragem necessária de consumo – uma tensão recorrente do legislador nacional", in *Revista Internacional de Arbitragem e Conciliação*, V. 12, 2019 (pp. 247-249), pp. 248-249, ainda que não tomando posição sobre a questão e, mais recentemente, Jorge Morais Carvalho/João Pedro Pinto-Ferreira, "Reflexão sobre a arbitragem e a mediação de consumo na Lei de Defesa do Consumidor – A Lei n.º 63/2019, de 16 de Agosto", in *Revista Internacional de Arbitragem e Conciliação*, V. 13, 2020 (pp. 9-35), pp. 21-26 (esp. pp. 24-26), e Artur Flamínio da Silva/Daniela Mirante, "Da constitucionalidade da arbitragem necessária: o caso da arbitragem no Direito do Consumo", in *Revista Internacional de Arbitragem e Conciliação*, V. 13, 2020 (pp. 89-104), pp. 100 e ss., estes últimos concluindo pela sua constitucionalidade. De modo idêntico, suscitando a mesma questão a propósito da arbitragem potestativa no âmbito dos serviços públicos essenciais, cf. Jorge Morais Carvalho/João Pedro Pinto-Ferreira/Joana Campos Carvalho, *Manual de resolução ...*, cit., pp. 115-116.

[170] Genericamente, cf. Ana Celeste Carvalho, "Arbitragem (necessária) desportiva e justiça administrativa", in *Revista Internacional de Arbitragem e Conciliação*, V. 15, 2021, pp. 31-84.

idêntico ao ora em apreço[171], tem-se por conveniente a retoma do então decidido.

A propósito da Lei n.º 74/2013, de 16 de junho[172], cuja redação inicial previa a arbitragem necessária para os "*atos e omissões das federações e outras entidades desportivas e ligas profissionais, no âmbito do exercício dos correspondentes poderes de regulamentação, organização, direção e disciplina*" (art. 4.º/1) e do Decreto 128/XII, nos termos do qual "*as decisões proferidas, em única ou última instância, pelo TAD são insuscetíveis de recurso*" (art. 8.º/1 do Anexo[173]), o Tribunal Constitucional foi chamado, em sede de apreciação preventiva, a pronunciar-se sobre a constitucionalidade destas normas. Nesta ocasião, pelo acórdão n.º 230/13, de 24 de abril[174], o Tribunal Constitucional, não considerando que a arbitragem necessária, *per se*, viola o direito de acesso aos tribunais[175], acabou por concluir[176] que a "*irrecorribilidade*

[171] O facto de estarem em causa decisões de federações desportivas que exerciam poderes públicos delegados pelo Estado, foi um elemento especialmente tomado em consideração no acórdão n.º 230/13 do TC, cit., que não considerou aceitável que o Estado delegasse poderes de autoridade numa entidade privada e depois não tivesse qualquer controlo jurisdicional de mérito sobre as decisões administrativas praticadas no âmbito dessa delegação.

[172] Última alteração pela L. n.º 33/2014, de 16 de junho.

[173] TAD = Tribunal Arbitral do Desporto.
No entanto, nos termos do seu n.º 2, consagravam-se duas situações em que existia possibilidade de recorrer para a câmara de recurso das decisões, ressalvando-se ainda, no seu n.º 3, a possibilidade de recurso para o TC e de impugnar a decisão do TAD com os fundamentos e nos termos previstos na LAV.

[174] Acórdão n.º 230/13, de 24 de abril (Carlos Fernandes Cadilha; Vencidos: Pedro Machete e Maria João Antunes), cit.

[175] Em rigor, a questão não é nova no TC, que, por diferentes ocasiões, extraiu que, do reconhecimento constitucional da possibilidade de existirem tribunais arbitrais, pode o legislador criar tribunais arbitrais, impondo aos cidadãos neles implicados o recurso necessário a essa via de composição jurisdicional de determinados litígios. Cf. Acórdãos do TC n.º 52/92, de 5 de fevereiro (Assunção Esteves; Declaração de voto: Bravo Serra e Vítor Nunes de Almeida), disponível em www.tribunalconstitucional.pt/tc/acordaos/19920052.html, n.º 757/95, de 20 de dezembro (Guilherme da Fonseca; Declaração de voto: Bravo Serra), disponível em http://www.tribunalconstitucional.pt/tc/acordaos/19950757.html, e n.º 262/98, de 5 de março (Alves Correia; Declaração de voto: Bravo Serra e Luís Nunes de Almeida), disponível em http://www.tribunalconstitucional.pt/tc/acordaos/19980262.html.

[176] Com maior desenvolvimento, cf. Artur Flamínio da Silva, "A arbitragem desportiva em Portugal: uma realidade sem futuro? – Anotação ao Acórdão n.º 230/2013 do Tribunal

das decisões arbitrais, tal como previsto na norma impugnada, representa uma clara violação do direito de acesso aos tribunais, não apenas por se tratar de decisões adotadas no âmbito de uma arbitragem necessária, mas também pela natureza dos direitos e interesses em jogo e pelo facto de estar em causa o exercício de poderes de autoridade delegados"[177]. Que "*a solução mostra-se também excessiva e desrazoável quando é certo que o interesse de celeridade, uniformidade e eficiência que se pretende assegurar, tem a desvantajosa consequência de limitar o direito de acesso aos tribunais estaduais, em via de recurso, numa matéria em que está em causa o controlo jurisdicional da legalidade de atos administrativos, incluindo atos sancionatórios, e, portanto, a própria verificação da atuação das federações desportivas segundo um regime de direito administrativo*"[178].

Num segundo momento, na sequência deste acórdão, o artigo 8.º do Anexo do Decreto n.º 128/XII foi alterado, passando a admitir-se o recurso de revista das decisões proferidas pela câmara de recurso para o Supremo Tribunal Administrativo. Contudo, apesar desta alteração, o Tribunal Constitucional foi novamente chamado a pronunciar-se acerca da constitucionalidade da norma, na sequência de pedido de declaração de inconstitucionalidade com força obrigatória geral. Fê-lo, desta vez, através do acórdão n.º 781/13, de 20 de novembro[179], considerando que o recurso de revista para o Supremo Tribunal Administrativo não tinha "*uma função predominantemente objetiva, porquanto não* [estar] *orientado principalmente para a defesa de direitos e interesses legalmente protegidos dos particulares, mas sim para a defesa de interesses comunitários*"[180], e que, sendo excecional, a última palavra continuava a caber à jurisdição arbitral necessária. Concluiu, deste modo, que a recorribilidade das decisões arbitrais para

Constitucional", in *Desporto & Direito. Revista Jurídica do Desporto*, a. X, n.º 28, 2012 (pp. 61-85), pp. 64 e ss.

[177] Acórdão do TC n.º 230/13, de 24 de abril (Carlos Fernandes Cadilha; Vencidos: Pedro Machete e Maria João Antunes), cit.

[178] Acórdão do TC n.º 230/13, de 24 de abril (Carlos Fernandes Cadilha; Vencidos: Pedro Machete e Maria João Antunes), cit.

[179] Acórdão do TC n.º 781/13, de 20 de novembro (José da Cunha Barbosa; Vencidas: Maria João Antunes e Maria de Fátima Mata-Mouros), disponível em http://www.tribunalconstitucional.pt/tc/acordaos/20130781.html.

[180] Acórdão do TC n.º 781/13, de 20 de novembro (José da Cunha Barbosa; Vencidas: Maria João Antunes e Maria de Fátima Mata-Mouros), cit.

os tribunais do Estado representava uma "*violação do direito de acesso aos tribunais, consagrado no n.º 1 do artigo 20.º da CRP, quer pelas limitações impostas quanto às decisões recorríveis, quer pela excecionalidade dos requisitos de admissão do recurso de revista*"[181].

V. Entre nós, os autores que se pronunciaram sobre a questão ora em análise concluíram pela constitucionalidade da chamada arbitragem necessária no Direito do consumo.

Observemos.

Artur Flamínio da Silva e Daniela Mirante[182], expressamente a propósito do artigo 14.º da LDC, tendo em conta aquilo que consideram ser a função desta arbitragem – a proteção da parte tendencialmente mais fraca, através de um mecanismo célere, eficaz e sem custos (ou com custos reduzidos) de resolução de litígios –, consideram constitucional a arbitragem necessária "*sempre que cumpra os pressupostos garantísticos basilares do exercício da função jurisdicional estadual*"[183]. Designadamente, de independência, imparcialidade e de publicidade das sentenças arbitrais. Assegurados estes pressupostos, concluem estes autores[184] que a existência de recurso para os tribunais estaduais pode não ser obrigatória, resumindo-se o controlo da sentença arbitral à ação de anulação.

Destaque ainda para Jorge Morais Carvalho, João Pedro Pinto-Ferreira e Joana Campos Carvalho[185], apenas em relação à arbitragem necessária nos serviços públicos essenciais. Isto é, num contexto legal não totalmente coincidente com o do artigo 14.º da LDC, dado que o artigo 15.º da L. n.º 23/96, apesar de nada dizer quanto à recorribilidade das decisões arbitrais proferidas em sede de arbitragem potestativa (à semelhança da LDC), não estabelece um limite máximo para o conflito relativo a serviços públicos essenciais poder ser submetido à arbi-

[181] Acórdão do TC n.º 781/13, de 20 de novembro (José da Cunha Barbosa; Vencidas: Maria João Antunes e Maria de Fátima Mata-Mouros), cit.

[182] Artur Flamínio da Silva/Daniela Mirante, "Da constitucionalidade da ...", cit., pp. 102-103.

[183] Artur Flamínio da Silva/Daniela Mirante, "Da constitucionalidade da ...", cit., p. 103.

[184] Artur Flamínio da Silva/Daniela Mirante, "Da Constitucionalidade da ...", cit., p. 104.

[185] Jorge Morais Carvalho/João Pedro Pinto-Ferreira/Joana Campos Carvalho, *Manual de resolução ...*, cit., pp. 113-116.

tragem necessária. Segundo estes autores[186], considerando que os conflitos de consumo de reduzido valor económico são conflitos de direito privado e que os critérios de recorribilidade, em função do valor litígio, adotados nos diferentes regulamentos dos centros de arbitragem de consumo acompanham o regime do recurso ordinário das decisões judiciais, concluem que a arbitragem potestativa no âmbito dos serviços públicos essenciais é constitucional. A mesma posição seria posteriormente adotada por Jorge Morais Carvalho e João Pedro Pinto-Ferreira[187], agora expressamente a propósito do artigo 14.º/2 da LDC. Quer por estarmos perante conflitos de natureza privada, quer ainda por o limite da recorribilidade das decisões arbitrais nos diferentes regulamentos dos centros de arbitragem de consumo não ser excessivo por comparação com o regime de recurso ordinário das decisões judiciais, sendo nalguns casos até mais favorável.

VI. Aqui chegados, colocado o problema, enunciadas as orientações que o Tribunal Constitucional já teve oportunidade de proferir em situações semelhantes e descritos os diferentes contributos apresentados pela doutrina, importa tomar posição acerca da constitucionalidade da norma prevista nos n.ºs 2 e 3 do artigo 14.º da LDC, conjugada com os artigos dos regulamentos dos centros de arbitragem de conflitos de consumo em matéria de recurso das sentenças arbitrais, nos termos dos quais podemos extrair que nas sentenças arbitrais sobre litígios de consumo de reduzido valor económico não há possibilidade de recurso da sentença arbitral para os tribunais estaduais.

A nosso ver, as mencionadas normas são conformes com a Constituição, no que concerne ao seu artigo 20.º/1. Essencialmente, pela conjugação dos seguintes fundamentos, já abordados na doutrina[188] e com os quais nos alinhamos.

[186] Jorge Morais Carvalho/João Pedro Pinto-Ferreira/Joana Campos Carvalho, *Manual de resolução ...*, cit., p. 115.

[187] Jorge Morais Carvalho/João Pedro Pinto-Ferreira, "Reflexão sobre a arbitragem ...", cit., pp. 24-26.

[188] Jorge Morais Carvalho/João Pedro Pinto-Ferreira, "Reflexão sobre a arbitragem ...", cit., pp. 25-26.

Em primeiro lugar, porque as garantias basilares do exercício da função jurisdicional estadual estão presentes na arbitragem necessária de conflitos de consumo de reduzido valor económico. Quer em termos gerais, quer em termos especiais. Senão vejamos.

Na condução do processo arbitral, o demandado é citado para se defender, as partes são tratadas com igualdade, sendo-lhes dada a oportunidade de fazerem valer os seus direitos antes de ser proferida a sentença final, e é garantida, ao longo de todo o processo, a observância do princípio do contraditório. Assim resulta do disposto no artigo 30.º/1 da LAV, aplicável aos centros de arbitragem de conflitos de consumo, e do disposto no artigo 12.º da L. n.º 144/2015. Complementarmente, a decisão arbitral será tomada por árbitro(s) independente(s) e imparcial(ais). Isto é, estão asseguradas a independência e a imparcialidade do tribunal arbitral, em termos gerais, previstas no artigo 9.º da LAV, reforçadas, especificamente quantos aos centros de arbitragem de consumo, pelo estabelecido nos artigos 7.º e 8.º da L. n.º 144/2015.

Por outro lado, podemos confirmar que estes princípios gerais de um processo justo ou equitativo, conforme estatui o artigo 20.º/4 da CRP, são reiterados ao nível de cada um dos diferentes regulamentos dos centros de arbitragem de conflitos de consumo, ao longo dos seus artigos.

Em segundo lugar, podemos verificar que o regime exposto, em matéria de recurso de decisões arbitrais de conflitos de consumo de reduzido valor económico não difere da solução legal que vale para os recursos das sentenças estaduais. Na verdade, se o conflito de consumo de reduzido valor económico se tivesse desenrolado nos tribunais judiciais, a sentença do tribunal estadual também não seria recorrível. O que nos leva a concluir que as garantias processuais existentes num conflito de consumo de reduzido valor económico numa arbitragem necessária e num processo judicial estadual são idênticas. Mais ainda: estando em causa um conflito entre privados, em que os sujeitos estão numa posição de igualdade e não há poderes de autoridade de uma das partes sobre a outra, não se divisa qualquer motivo que torne exigível que o processo arbitral tenha maiores garantias que aquelas que são reconhecidas num processo judicial estadual.

Adicionalmente, a solução existente tão-pouco se mostra excessiva ou desrazoável, posto que, nesta perspetiva, a limitação do direito de acesso, em via de recurso, das sentenças arbitrais aos tribunais judiciais é semelhante à limitação do direito de acesso, em via de recurso, das sentenças judiciais de primeira instância aos tribunais judiciais de recurso.

Assim, pelos motivos expostos, quer a sujeição à arbitragem, quer a inadmissibilidade de recurso das sentenças arbitrais de conflito de consumo de reduzido valor económico não violam o artigo 20.º/1 da Constituição. Se, por exemplo, a solução prevista fosse a da inadmissibilidade de recurso das sentenças arbitrais de conflito de consumo de valor superior a € 5000,01 em processos de arbitragem necessária, a questão já poderia colocar-se com acuidade.

3.3. Por opção do consumidor

I. A resolução de um conflito de consumo de reduzido valor económico pela arbitragem/mediação necessária não é um mecanismo imposto pelo legislador a todas as partes do conflito, mas uma situação jurídica ativa, traduzida no poder de uma das partes no conflito, o consumidor, a impor ao seu adversário, o profissional. É este o significado do legislador ao dizer que "estão sujeitos" a mediação ou arbitragem "por opção [...] dos consumidores". Neste âmbito, importa analisar as circunstâncias em que esta faculdade é conferida ao consumidor, o seu exercício, assim como a sua natureza jurídica.

3.3.1. Pressupostos constitutivos

I. Começando pelas circunstâncias em que este poder é conferido ao consumidor, podemos observar que o mesmo está limitado, conforme vimos[189], aos conflitos de consumo e, dentro destes, apenas aos de reduzido valor económico. Assim, num conflito de consumo superior a € 5000,00, o consumidor não pode, por mera opção sua, promover a sua resolução por arbitragem/mediação, exceto no caso de o mencionado

[189] Cf. 3.1. e 3.2.1. *supra*, respetivamente.

conflito ser ainda subsumível, independentemente do seu valor, a outros casos de arbitragem necessária. Por exemplo, nos termos do disposto no artigo 15.º/1 da L. 23/96[190]. Tirando esta situação, nos demais litígios, a sua resolução terá de ser, conforme anteriormente observado, por recurso aos tribunais estaduais, por arbitragem voluntária ou, reduzindo o valor da pretensão até ao limite de € 5000,00, por arbitragem necessária.

3.3.2. Exercício

I. Quanto ao modo de exercício desta faculdade, dispõe o n.º 2 do artigo 14.º da LDC, que a opção do consumidor tem de ser *expressa*. O que, a nosso ver, significa que terá de ser feita por palavras, por escrito ou por qualquer outro modo direto de manifestação da vontade[191]. Ao assim dispor, procura o legislador assegurar, atenta a importância de tal opção, designadamente em termos da condução do litígio por regras processuais distintas das previstas nos tribunais estaduais, que o consumidor alcance e reflita acerca do significado e das consequências da sua escolha. Deste modo, é de afastar a opção tácita[192], não se considerando, por hipótese, a apresentação de uma reclamação junto de um centro de arbitragem de conflitos de consumo pelo consumidor um ato apto a preencher "a opção expressa" a que alude o n.º 2 do artigo 14.º da LDC. Em tal caso, quer-nos parecer, o consumidor optará, quando muito, expressamente, pela resolução do litígio através da arbitragem. Importa, a jusante, saber se pela arbitragem voluntária, se pela arbitragem potestativa. Isto é, o sentido da opção. Sobretudo nas hipóteses em que a competência do centro de arbitragem não se circunscreve apenas aos conflitos de consumo. Quando assim aconteça, deverá o consumidor ser convidado a manifestar a opção expressa de submeter o litígio à arbitragem necessária pelos colaboradores do centro ou por despacho do árbitro. Por exemplo, declarando que

[190] Jorge Morais Carvalho/João Pedro Pinto-Ferreira, "Reflexão sobre a arbitragem ...", cit., p. 16.

[191] Artigo 217.º do CC.

[192] Jorge Morais Carvalho/João Pedro Pinto-Ferreira, "Reflexão sobre a arbitragem ...", cit., p. 16.

"pretende que o conflito objeto da reclamação apresentada seja submetido à arbitragem necessária" ou, por hipótese, declarando que "opta pela resolução do conflito de consumo de valor até € 5000,00 por arbitragem".

II. Relativamente ao modo de exteriorização desta vontade, o n.º 2 do artigo 14.º da LDC limita-se a falar em "opção expressa", abstendo-se, contudo, de explicitar a sua forma.

Ora, nos termos gerais, a convenção de arbitragem deve adotar, sob pena de nulidade, a forma escrita (arts. 2.º/1 e 3.º da LAV), ainda que, segundo o disposto no n.º 2 do artigo 2.º da LAV, haja alguma flexibilidade quanto ao preenchimento de tal forma. Para tanto, têm sido apresentados como fundamentos para esta limitação da autonomia privada, os efeitos que a convenção produz, a importância da mesma e a necessidade de certeza e de segurança quanto à manifestação de tal vontade, fixando a efetiva atribuição de competência ao tribunal arbitral para dirimir tal litígio, prevenindo a discussão *a posteriori*, acerca da competência, ou não, do tribunal arbitral para conhecer do litígio, ao invés da discussão acerca do fundo da causa[193].

Perante o regime previsto, em termos de forma, para a convenção de arbitragem é de questionar se a opção expressa do consumidor pela arbitragem de consumo deve também observar a forma escrita. De facto, também podemos encontrar nesta decisão do consumidor razões plausíveis para defender a mesma solução. Quer ao nível dos efeitos e da importância da tal decisão, quer ainda ao nível da necessidade de certeza e de ponderação de tal escolha. Estas preocupações valem também na opção da arbitragem pelo consumidor. No entanto, não se pode ignorar que, no silêncio da lei, vale o princípio da liberdade de forma ou da consensualidade, previsto no artigo 219.º do CC. O que significa que ou bem que estas razões plausíveis conseguem ser fundamentadas no direito positivo ou então somos forçados a concluir pela liberdade de forma e por uma preocupação a refletir *de iure condendo*.

Vejamos.

[193] Cf., quanto à convenção de arbitragem, António Pedro Pinto Monteiro/Artur Flamínio da Silva/Daniela Mirante, *Manual de arbitragem*, Almedina, Coimbra, 2019, pp. 145-146.

III. Uma primeira tentativa de fundamentar que a opção do consumidor pela arbitragem de consumo nos conflitos de reduzido valor económico tem de revestir a forma escrita, pode tentar encontrar-se no Código de Processo Civil. Nos termos do disposto no artigo 1136.º do CPC, se o julgamento arbitral for prescrito por lei especial, vale o determinado na lei especial e, na falta de determinação, o disposto nos artigos 1137.º e seguintes do CPC. Adicionalmente, nos termos do artigo 1139.º do CPC, podemos ler que, em tudo o que não vai especialmente regulado no CPC se observa, na parte aplicável, o disposto na Lei da Arbitragem Voluntária. Assim, podemos questionar se à opção do consumidor pela arbitragem de consumo não devemos aplicar o disposto no artigo 2.º da LAV, por remissão do artigo 1139.º do CPC, e, por esta via, concluir que deve adotar a forma escrita.

A resposta, contudo, parece-nos negativa.

A arbitragem potestativa por opção do consumidor, apesar de prescrita por lei especial – o n.º 2 do artigo 14.º da LDC –, não é, para efeitos do artigo 1136.º do CPC, um "*julgamento arbitral prescrito por lei especial*". O julgamento arbitral prescrito por lei especial é apenas o julgamento arbitral necessário imposto quanto a ambas as partes. Isto é, um julgamento arbitral *ex lege*, no sentido que a lei é causa suficiente para a constituição do tribunal arbitral. Ora, tal não sucede no caso em análise. O julgamento arbitral do conflito de consumo é um julgamento *ex voluntate*, por opção do consumidor, ainda que seja a lei especial a atribuir relevância jurídica a essa vontade. Contudo, essa lei especial não é causa suficiente para o julgamento arbitral. É ainda necessária uma manifestação de vontade nesse sentido pelo consumidor, que poderia sempre, em alternativa, decidir-se pelo julgamento estadual.

Assim, a remissão operada pelo artigo 1139.º do CPC para a LAV não se aplica aos casos de arbitragem de consumo de reduzido valor económico por opção do consumidor.

IV. Uma alternativa a ponderar seria a de se exigir a forma escrita para a opção da arbitragem no conflito de consumo de reduzido valor económico pelo consumidor por interpretação extensiva do n.º 2 do artigo 14.º da LDC ou, eventualmente, por aplicação analógica do regime previsto no artigo 2.º da LAV. Contudo, ambas as possibilidades são de afastar.

Começando pela *interpretação extensiva*, por não estarmos em condições de poder afirmar que o significado literal do n.º 2 do artigo 14.º da LDC não coincide com o espírito da lei. Para tanto, seria necessário dispor-se dos trabalhos preparatórios da Lei n.º 63/2019, de 16 de agosto, que alterou o artigo 14.º da LDC, o que não acontece.

Já em relação à *analogia*, não nos parece que exista uma lacuna quanto à forma da opção do consumidor. Pelo contrário. Nesta matéria, o legislador não se limitou a falar numa opção do consumidor, aduzindo ainda que a mesma tinha de ser expressa. Quanto à forma, nada disse, nem tinha de o fazer, vigorando a regra (derivada) da liberdade de forma ou da consensualidade, do artigo 219.º do CC.

V. Em suma, a opção expressa do consumidor pelo julgamento arbitral do conflito de consumo de reduzido valor económico está sujeita à liberdade de forma, ainda que, ao nível do direito a constituir, atendendo aos efeitos e à importância de tal escolha, tal liberdade de exteriorização deva ser revista, estabelecendo-se uma solução equivalente à que vale para a convenção de arbitragem.

Sem prejuízo do que se acabou de dizer, impõe-se uma nota final para advertir que, do ponto de vista prático, a opção expressa pelo julgamento arbitral do conflito de consumo de reduzido valor económico pelo consumidor é, em regra, efetuada por escrito. Com efeito, os processos de arbitragem de conflitos de consumo assentam em reclamações escritas apresentadas nos centros de arbitragem de conflitos de consumo[194]. Assim, na realidade, a opção pela arbitragem adota, ainda que voluntariamente[195], a forma escrita, sendo o problema, amiúde, saber se essa opção é ou não expressa.

[194] Cf. artigo 8.º do Regulamento do CACCL, do CIAB, do CICAP, do CNIACC, do TRIAVE, do CACRC, do CIMAAL, artigo 4.º/*e)* do Regulamento do CACCRAM, artigos 11.º e 14.º do Regulamento do CASA, artigo 8.º do Regulamento do CIMPAS e artigo 16.º do Regulamento do CAUAL.
Vide ainda o artigo 6.º/*a)* e *c)* da L. n.º 144/2015, de 8 de setembro.

[195] Cf. artigo 222.º do CC.

VI. Adicionalmente, quanto ao exercício deste poder, suscita-se a questão de saber se a mesma pode surgir por *ação*, mas também por *exceção*. Entre nós, ainda que a propósito do artigo 15.º da L. n.º 23/96, Paulo Duarte[196] admite estas duas possibilidades.

Vejamos.

Por via da *ação*, o consumidor avança com uma reclamação junto de um centro de arbitragem de conflitos de consumo manifestando, por essa ocasião, a vontade de submeter o conflito à arbitragem/mediação.

Se estivermos a falar de uma invocação por *exceção*, será o consumidor, demandado num tribunal estadual num litígio de consumo de valor económico reduzido, a manifestar, por exceção, a opção expressa pela sua resolução num tribunal arbitral. Considerando-se tal invocação permitida e sendo a mesma conhecida e julgada procedente, o tribunal estadual terá de determinar a absolvição do consumidor da instância. Esta exceção, contudo, do ponto de vista técnico, não deve ser reconduzida à exceção de preterição do tribunal arbitral, prevista no artigo 96.º/*b*) do CPC, mas a uma exceção dilatória inominada. Com efeito, a norma prevista no artigo 14.º/2 da LDC não produz, *ope legis*, um *efeito negativo* de retirada de competência aos tribunais estaduais. Apesar disso, admitindo-se tal invocação e a sua procedência, o efeitos produzido é análogo ao da preterição da convenção de arbitragem[197].

VII. Analisando o sistema legal na sua globalidade, é nosso entendimento que a opção do consumidor pelo recurso à arbitragem necessária só é permitida por via de ação, devendo ser recusada a sua invocação por via de exceção.

Pelos seguintes motivos.

Em primeiro lugar, porque se se atender ao modo como se encontra consagrado o direito à proteção jurídica do consumidor no artigo 14.º da LDC, somos da opinião de que o consumidor surge como a parte ativa no litígio. Será essa, pelo menos, a situação paradigmática que estará, segundo a natureza das coisas, na base da solução legal ("iniciados por

[196] Paulo Duarte, "A chamada ...", cit., p. 468.

[197] Neste sentido, a propósito do artigo 15.º da L. n.º 23/96, cf. Paulo Duarte, "A chamada ...", cit., p. 468.

um consumidor")[198]. Ora, na hipótese de ser o consumidor a invocar a submissão do litígio de consumo à arbitragem necessária por via da exceção significa que será o sujeito passivo do conflito.

Em segundo lugar, ainda que se interprete que a "proteção jurídica" conferida ao consumidor no artigo 14.º da LDC se basta com um "conflito de consumo de reduzido valor económico", independentemente de que lado da barricada se situa o consumidor, porque sempre a admissibilidade da opção expressa da arbitragem necessária por via da exceção, coloca, à luz do Direito constituído, um outro problema de resolução ainda mais complexa. Sendo o desfecho da procedência da exceção a absolvição do consumidor da instância, isto é, a extinção da relação jurídica processual no tribunal estadual, tal significa, a montante, que um processo arbitral carecerá da propositura de uma ação/reclamação no centro de arbitragem do consumo. Ora, nesta sede, como veremos[199], a proteção jurídica do consumidor funciona de modo unidirecional: do consumidor para a profissional. O que significa, em termos práticos, que, se o consumidor não der início a um processo arbitral (e o mais certo será não o fazer, dado ser a parte demandada), o profissional não o poderá fazer. Assim, a admitir-se a invocação pelo consumidor por via de exceção, significará, do ponto de vista do regime legal, privar o profissional de tutela jurisdicional, em infração ao disposto no artigo 20.º da Constituição[200].

[198] Cf. artigo 2.º/1 da L. n.º 144/2015, que, por sua vez, reflete o que consta da Diretiva RAL [cf. considerando (16) e artigo 2.º/2/*d*) e, sobretudo, *g*)]. Contudo, faz-se notar, a Diretiva RAL expressamente ressalva que os Estados-Membros não estão impedidos de aprovar ou manter em vigor disposições em matéria de procedimentos de resolução extrajudicial de litígios relativos a queixar apresentadas por comerciantes contra consumidores nem a litígios entre comerciantes. Cf. considerando (16), *in fine*, e (17) da Diretiva RAL.

[199] Cf. 3.3.3. *infra*.

[200] A propósito do artigo 15.º da L. n.º 23/96, Paulo Duarte, "A chamada ...", cit., p. 468, admitindo a opção pela arbitragem necessária por via de exceção, considera, posteriormente, que a consequência terá de ser que o operador de serviços pode demandar o utente no tribunal arbitral de um centro de arbitragem de conflitos de consumo, sob pena de infração do artigo 20.º da CRP. Apesar de se compreender a solução proposta por este autor perante a posição que adota, não se acompanha a mesma.

Em primeiro lugar, como se disse, o regime está contruído para o consumidor-autor/reclamante no conflito de consumo de baixo valor e não para o profissional-autor/reclamante.

Em terceiro lugar, porque, tendo a opção a que alude o artigo 14.º da LDC de ser expressa, não nos parece que se possa reconduzir a sua invocação por exceção a uma opção expressa.

Por fim, em quarto lugar, e este argumento parece-nos de maior importância, porque admitir a opção expressa da arbitragem necessária por exceção, constitui, a nosso ver, uma solução contrária à lógica processual da defesa por exceção e aos interesses de ambas as partes: quer do consumidor, quer do profissional.

Começando pelo consumidor, por detrás do mecanismo previsto no artigo 14.º da LDC, o de lhe permitir optar nos conflitos de consumo de reduzido valor económico pela arbitragem estão, entre outras vantagens, a maior celeridade deste processo e os custos do mesmo, comparativamente inferiores aos custos de um processo num tribunal estadual. A admissibilidade da opção pela arbitragem necessária de consumo por exceção não alcança nenhuma destas finalidades. Quanto aos custos, porque, para a invocar por via de exceção, o consumidor terá de ter contestado a ação judicial e, portanto, de ter procedido ao pagamento da respetiva taxa de justiça. A este custo acrescem ainda os eventuais custos com as taxas de um futuro processo arbitral[201]. Quanto à celeridade da resolução do conflito de consumo, também esta é seriamente posta em causa. Entre a propositura da ação judicial pelo profissional, a contestação do consumidor, a apreciação da exceção pelo Tribunal estadual e a eventual ação arbitral, a resolução do litígio deixa de ser célere.

Avançando para o profissional, admitir a opção expressa pela arbitragem de consumo por exceção invocada pelo consumidor, além de contrária aos interesses do profissional, que se limitou a exercer um direito

Por outro lugar, porque mesmo admitindo, por hipótese, o conhecimento pelo tribunal estadual da procedência da exceção de opção expressa pela arbitragem de consumo, não podemos ignorar que o efeito de caso julgado dessa decisão não vincula o tribunal arbitral quanto ao seu entendimento acerca da possibilidade, ou não, de o profissional demandar o consumidor num tribunal arbitral de um centro de arbitragem de conflitos de consumo. Assim, pode o profissional ficar efetivamente privado de tutela jurisdicional.

[201] Sobre o tema, cf. Tiago Soares da Fonseca, "Entidades de Resolução Alternativa de Litígios de Consumo (Por um acesso à mediação, conciliação e arbitragem de consumo com custos para as partes)", in *Revista Internacional de Arbitragem e Conciliação*, V. 17, 2022 (pp. 187-248), pp. 219 e ss.

(de ação) que lhe assistia, não constitui uma situação aceitável de acordo com as regras processuais, por estarmos perante uma situação cujo controlo escapa ao profissional. Na verdade, antes de propor a ação judicial, o profissional não podia sequer, querendo, por sua vontade, submeter o litígio de consumo de reduzido valor económico à arbitragem. Se, para o consumidor, podíamos falar de uma competência concorrencial entre o tribunal arbitral e o tribunal estadual, o mesmo não sucede com o profissional. Ademais, tão-pouco era exigível ao profissional que indagasse a vontade do consumidor antes de o acionar num tribunal estadual. Isto é, no sentido de saber se o consumidor estaria disponível para uma resolução por via arbitral ou sobre o que faria perante uma ação num tribunal estadual. Por fim, porque, se se admitisse a opção da arbitragem necessária por exceção, o profissional, além de impedido de colocar a reclamação no centro de arbitragem, ainda que o pudesse fazer, teria sempre, em qualquer caso, o prejuízo patrimonial de ter pago a taxa de justiça com a ação judicial estadual, com a eventual agravante de, em resultado da absolvição da instância, ter ainda de suportar as custas de parte do consumidor, em resultado do vencimento do processo estadual. O que, manifestamente, por não lhe ser previamente exigível outra conduta, não se pode aceitar.

VIII. Em suma, pelos motivos expostos, é nosso entendimento que a opção pela arbitragem de consumo pelo consumidor apenas pode ser exercida por via da ação. No limite, a questão poderia ser discutida em duas sedes: a judicial, promovida pelo profissional contra o consumidor; seguida da arbitral, promovida pelo consumidor contra o profissional. Nos termos gerais, a solução não está, a nosso ver, proibida na LAV, ainda que nas entidades de RAL de consumo a pendência do litígio noutra entidade de RAL ou num tribunal judicial possa ser fundamento de recusa do tratamento do litígio[202], conforme alguns centros de arbitragem refletem nos respetivos estatutos, prevendo que, quando se verifique que um litígio já está pendente ou já tiver sido decidido por um tribunal judicial, o

[202] Cf. artigo 11.º/*c)* da L. n.º 144/2015, de 8 de outubro.

seu tratamento no processo arbitral possa ser recusado[203]. Será a opção mais sensata, recusando-se a arbitragem, dando primazia à jurisdição onde a ação foi proposta em primeiro lugar, prevenindo decisões contraditórias de jurisdições distintas.

3.3.3. A unidirecionalidade da proteção jurídica

I. De acordo com o n.º 2 do artigo 14.º da LDC, o consumidor pode sujeitar a resolução do conflito de consumo de reduzido valor económico à arbitragem ou à mediação. O que permite extrair, *a contrario*, que o operador profissional nunca pode, por sua opção, sujeitar a resolução dos conflitos de consumo, independentemente do seu valor, à arbitragem/mediação necessária. Explicita-se: sem o consentimento do consumidor. Mesmo que o operador profissional seja o lesado/credor. São, portanto, mecanismos de sentido único: consumidor-profissional[204], em consonância com os demais procedimentos de resolução extrajudicial de litígios no âmbito da L. n.º 144/2015[205].

II. A *unidirecionalidade da proteção jurídica* conferida ao consumidor não significa que este, perante um conflito de consumo de reduzido valor económico, esteja obrigado a recorrer à mediação/arbitragem. Para este, tais mecanismos são voluntários, por dependerem da sua escolha, tendo sempre a possibilidade de recorrer aos tribunais estaduais. Pelo contrário, na perspetiva do profissional, a mediação/arbitragem, uma vez escolhida pelo consumidor, é vinculativa, independentemente do seu consentimento. No limite, a sentença arbitral pode ser proferida ainda que o profissional, devidamente citado para se defender, opte por não responder nem intervir no processo.

[203] Cf. artigo 4.º/5 dos Regulamentos do CACCL, do CIAB, do CICAP, do CNIACC, do TRIAVE, do CACRC, artigo 3.º/3/*b)* do Regulamento do CASA e artigo 4.º/1/*c)* do Regulamento do CIMPAS.

[204] Cátia Marques Cebola, "Mediação e arbitragem ...", cit., pp. 42-44, Isabel Oliveira, "A arbitragem de consumo", cit., pp. 399-422, e Rui Mascarenhas Ataíde/Inês Sítima Craveiro, "Arbitragem institucionalizada ...", cit., p. 85.

[205] Cf. artigo 2.º/1 da L. n.º 144/2015.

III. Este carácter voluntário, na ótica do consumidor, mas necessário, na ótica do profissional, leva alguns autores a sustentar que estamos perante uma terceira modalidade[206], uma figura atípica[207], híbrida ou potestativa[208], entre a arbitragem voluntária e a necessária, tendo um fundamento simultaneamente legal e voluntário[209]. Outros, preferem a locução *arbitragem necessária unilateral*[210].

Ambas as locuções, devidamente explicitadas, são de aceitar.

É de aceitar a expressão *arbitragem necessária*, utilizada pelo legislador, mas com a ressalva de que apenas é necessária para o profissional, não se confundindo com o julgamento arbitral necessário prescrito por lei especial, imposto a ambas as partes. São também de aceitar as designações de *arbitragem potestativa* ou de *arbitral necessária unilateral*, por melhor refletiram a realidade em causa e prevenirem eventuais confusões com julgamento arbitral necessário.

IV. *De jure condito*, pode questionar-se se permitir unilateralmente ao consumidor, nos conflitos de consumo de reduzido valor económico, sujeitar a sua resolução à arbitragem, mas já não ao profissional, não atenta contra o princípio substancial da igualdade das partes[211-212]. Ou

[206] António de Magalhães Cardoso/Sara Nazaré, "A arbitragem necessária – natureza e regime: breves contributos para o desbravar de uma (também ela) necessária discussão", in *Estudos de Direito da Arbitragem em Homenagem a Mário Raposo* (org. Agostinho Pereira de Miranda *et al.*), UCP, Lisboa, 2015 (pp. 33-55), p. 35, nota 12.

[207] Artur Flamínio da Silva, *A resolução de conflitos desportivos em Portugal: entre o direito público e o direito privado*, Coimbra, Almedina, 2017, pp. 353-354, nota 1093.

[208] Jorge Morais Carvalho/João Pedro Pinto-Ferreira, "Reflexão sobre a arbitragem ...", cit., pp. 20-21 e 34.

[209] Paulo Duarte, "A chamada ...", cit., p. 467.

[210] Cátia Marques Cebola, "Mediação e arbitragem ...", cit., p. 30.

[211] Enunciando a questão, a propósito da arbitragem necessária, cf. J. J. Gomes Canotilho/Vital Moreira, *Constituição da República Portuguesa anotada*, Vol. II, 4.ª ed., Coimbra Editora, Coimbra, 2014, p. 551, e Paulo Pinto de Albuquerque/Rita Lynce de Faria, "Anotação artigo 209.º", in *Constituição Portuguesa Anotada*, Vol. III (coord. José Miranda/Rui Medeiros), 2.ª ed., Universidade Católica Editora, Lisboa, 2020 (pp. 93-116), pp. 98 e ss.

Ainda neste contexto, Rui Medeiros, "Arbitragem necessária e Constituição", in *Estudos em Memória do Conselheiro Artur Maurício* (org. Maria João Antunes), Coimbra Editora, Coimbra, 2014 (pp. 1301-1330), p. 10316, considera que, "*não estando em causa discriminações* suspeitas,

ainda, segundo alguns autores[213], contra os princípios da igualdade e de acesso à justiça arbitral.

No palco dos conflitos de consumo, conforme evidenciado pela generalidade dos autores, há uma tendencial desigualdade entre as partes, encontrando-se o consumidor, tipicamente, no patamar inferior. Quer em termos de conhecimentos legais e técnicos, com menor literacia jurídica, mas também ao nível socioeconómico e financeiro[214]. A possibilidade de, neste contexto, unilateralmente sujeitar a resolução do conflito de consumo à arbitragem visa, em certa medida, repor este desequilíbrio de facto, não representando uma desvantagem para o profissional a exclusão de tal possibilidade quanto a este. Ou, pelo menos, uma diferenciação que possa ser considerada arbitrária. Na ótica do profissional, não se pode ser indiferente ao facto de, na maioria dos conflitos de consumo de reduzido valor económico em que o reclamante/autor/credor é o operador económico profissional, o que está em discussão é o incumprimento de obrigações pecuniárias emergentes de contratos. Ora, nestes casos, na falta de acordo quanto à resolução do conflito, já se encontra à disposição do profissional um procedimento específico, jurisdicional, célere e significativamente mais barato que a ação judicial: a injunção, destinada a exigir o cumprimento de obrigações pecuniárias emergentes de contratos de valor não superior a € 15 000,00[215-216]. Deste modo, em

basta, para que a criação de tribunais arbitrais necessários para certas categorias de litígios resista ao crivo da igualdade, que haja razões atendíveis – e não uma opção meramente arbitrária – para a solução gizada pelo legislador."

212 Quanto à constitucionalidade deste mecanismo, atento o disposto no artigo 20.º da CRP e o impedimento de o profissional ver o conflito de consumo de reduzido valor económico nos tribunais estaduais, cf. 3.2.2. *supra*.

213 Maria José Capelo, "A Lei de Arbitragem Voluntária e os Centros de Arbitragem de Conflitos de Consumo", in *Estudos de Direito do Consumidor*, n.º 1, 1999 (pp. 101-116), p. 107.

214 No *Direito brasileiro*, falando mesmo de um *princípio da vulnerabilidade* do consumidor, mesmo que não seja inexperiente ou hipossuficiente, cf. João Glicério de Oliveira Filho/ Rafael Carneiro D'Ávila Teixeira, "Limites e possibilidades ...", cit., pp. 160-161, e Gustavo Pereira Leite Ribeiro, *Arbitragem nas relações de consumo*, cit., pp. 114 e ss.

215 Aprovado pelo DL n.º 269/98, de 1 de setembro. Última alteração pela L. n.º 117/2019, de 13 de setembro.

216 No *Direito espanhol*, de modo semelhante, podemos encontrar o "proceso monitorio", previsto nos artigos 812. e seguintes a Lei de Enjuiciamiento Civil, aprovada pela Ley 1/2000, de 7

termos práticos, podemos afirmar que a injunção funciona como o meio alternativo de resolução do litígio[217] à disposição do operador profissional: evitando, por um lado, o recurso a uma ação judicial declarativa de condenação, mais morosa e onerosa, e, por outro, sobrecarregar os tribunais arbitrais com cobranças de dívidas[218], que, a médio prazo, conduziria ao seu congestionamento.

Assim, não se vê na unidirecionalidade da arbitragem pelo consumidor uma solução legal atentatória do princípio constitucional da igualdade.

V. De todo o modo, *de jure condito*, também não se pode ignorar que, residualmente, podemos ter conflitos de consumo em que o reclamante/autor/credor é o operador económico profissional e em que não está em causa o incumprimento de obrigações pecuniárias emergentes do contrato. Imagine-se, por exemplo[219], uma compra e venda de consumo em que parte do preço acordado foi pago por retoma de bem do consumidor e que o mesmo era defeituoso. Num caso como este, a vedação ao profissional da possibilidade de demandar o consumidor através da arbitragem de consumo continua, a nosso ver, a ser uma diferenciação que não põe em causa o princípio da igualdade, por a opção legal continuar a assentar em razões atendíveis. Não podemos, contudo, deixar de questionar se as razões que levaram à proteção jurídica estabelecida no artigo 14.º/2 da LDC não subsistem para o consumidor demandado nestes casos. E, pelo menos quanto à tendencial fragilidade comparativa do consumidor[220] e

de janeiro. Última alteração pela Lei Orgânica 7/2022, de 27 de julho. Na doutrina, cf. Alicia Araya Estancona Pérez, "Los nuevos retos ...", cit., pp. 59-60.

[217] Alternativo, neste caso específico, à ação declarativa de condenação.

[218] Seriam, do ponto de vista prático, conforme observa Cátia Marques Cebola, "Mediação e arbitragem ...", cit., p. 44, transformados em *tribunais de injunção* ou, segundo Isabel Oliveira, "A arbitragem de consumo", cit., p. 401, convertidos em centros de cobranças de dívidas.

[219] Cátia Marques Cebola, "Mediação e arbitragem ...", cit., p. 43, refere a hipótese de o consumidor danificar uma peça de roupa nos provadores, não querendo responsabilizar-se pela sua reparação.

[220] Pedro Pires de Sousa, "A unidireccionalidade da arbitragem de conflitos de consumo. Os agentes económicos podem reclamar dos consumidores?", in *O Consumidor*, n.º 81, Fevereiro de 1999 (pp. 44-48), pp. 45-46, e Isabel Oliveira, "A arbitragem de consumo", cit., p. 402.

aos custos do processo, a resposta é afirmativa. Se o conflito poder ser apreciado no processo arbitral, ainda que por iniciativa do profissional, os custos para o consumidor serão objetivamente mais baixos. Assim, com exceção da cobrança de dívidas[221], não há motivos, ao nível do Direito a constituir, para não se equacionar alterar o regime legal. Pelo menos, em nossa opinião, permitindo ao profissional optar pela arbitragem de consumo contra o consumidor, desde que este consinta. Assim, sucedendo, por determinação legal e com o consentimento do consumidor, o conflito seria resolvido por tribunal arbitral adstrito aos centros de arbitragem de conflitos de consumo legalmente autorizados, independentemente de eventuais limitações nos seus regulamentos quanto aos litígios iniciados pelo profissional. O consumidor, demandado em processo arbitral, teria a oportunidade de aferir qual a melhor proteção jurídica para si, aceitando ou recusando o recurso à arbitragem no centro de arbitragem de conflitos de consumo.

Mesmo ao nível da Diretiva RAL, apesar de esta não se aplicar aos procedimentos iniciados por um comerciante contra um consumidor[222], não estão os Estado-membros impedidos de aprovar regras que vão mais além das previstas na mesma, se se concluir que as mesmas asseguram um nível mais elevado de defesa dos direitos dos consumidores[223]. Caberia a cada Estado-membro decidir se a ação arbitral de consumo iniciada por um comerciante contra um consumidor, e por este aceite, asseguraria um nível mais elevado de defesa dos direitos do consumidor. Neste caso, significaria que os centros de arbitragem de conflitos de consumo além da competência para *i)* a resolução de conflitos de consumo de reduzido valor económico iniciados pelo consumidor e *ii)* para a resolução conflitos de consumo iniciados pelo consumidor no âmbito de convenções de arbitragem, passariam a ter também competência para *iii)* a resolução de conflitos de consumo iniciados pelo profissional contra o consumidor com o consentimento do consumidor, atual não existente[224].

[221] De modo idêntico, cf. CÁTIA MARQUES CEBOLA, "Mediação e arbitragem ...", cit., pp. 43-44.

[222] Artigo 2.º/2/*g)* da Diretiva RAL.

[223] Artigo 2.º/3, *in fine*, da Diretiva RAL.

[224] Quer nos termos do disposto no artigo 2.º/2 da L. n.º 144/2015, quer ainda nos estatutos dos diferentes regulamentos dos centros de arbitragem de conflitos de consumo que, por

3.3.5. Natureza jurídica

I. Juridicamente, a opção do consumidor pela submissão do litígio de consumo a apreciação de tribunal arbitral consubstancia um *poder potestativo*[225]. Um poder integrado num direito subjetivo mais amplo relativo à relação jurídica, em regra contratual, de fornecimento de bens, serviços ou direitos destinados a uso não profissional: o direito subjetivo à proteção jurídica e a uma justiça acessível e pronta, previsto na alínea *g)* do artigo 3.º da LDC. Esta proteção jurídica tanto se concretiza no poder de ação judicial do conflito de consumo nos termos gerais[226] como no poder de submeter a apreciação do conflito de consumo de reduzido valor económico à arbitragem e/ou à mediação junto de centro de arbitragem de conflito de consumo legalmente autorizado.

exemplo, assentam numa reclamação de consumo que é apresentada pelo consumidor (cf. artigo 7.º dos Regulamento do CACCL, do CIAB, do CICAP, do CNIACC, do TRIAVE, do CACRC, do CIMALL e artigo 4.º do Regulamento do CACCRAM).

[225] A propósito do artigo 15.º da L. n.º 23/96, falando de um direito potestativo, cf. António de Magalhães Cardoso/Sara Nazaré, "A arbitragem necessária ...", cit., p. 35, nota 12, e Paulo Duarte, "A chamada ...", cit., p. 467.

[226] Em termos abstratos, integra-se no *direito à jurisdição*: o direito subjetivo público a uma tutela jurisdicional concreta dirigida ao Estado, através dos meios judiciais, com a finalidade de obter uma sentença favorável ou atividade executiva. Assim, Oliveira Ascensão, *Direito civil – Teoria geral*, Vol. III, cit., p. 319.
Sobre o direito de ação, *vd.* Castro Mendes, "O direito de acção judicial – Estudo de processo civil", in *RFDUL* suplemento Dissertações de alunos IV, reimp., Lisboa, 1959, esp. pp. 105 e 134. Este autor define o direito à jurisdição como *"o direito que cabe a todos os súbditos de um Estado de exigir deste a justa composição dos litígios que entre eles surjam"*. Tendo por objeto uma providência jurisdicional concreta, teríamos, então, o direito de ação, isto é, o *"direito de exigir do Estado a prestação de uma actividade, justa e tão relevante quanto possível, no sentido da composição de um litígio"*. Identicamente, cf. J. P. Remédio Marques, *Acção declarativa à luz do Código revisto*, 3.ª ed., Coimbra Editora, Coimbra, 2011, pp. 110-113, destacando a autonomia deste direito em relação à posição jurídica material feita valer, e Diogo Filipe Gil Castanheira Pereira, *Interesse processual na acção declarativa*, Coimbra Editora, Coimbra, 2011, pp. 60-61.
Reconduzindo a ação a um poder, vejam-se Anselmo de Castro, *Direito processual civil declaratório*, vol. I, Almedina, Coimbra, 1982, pp. 88-89 e 95-96, e Antunes Varela, "O direito de acção e a sua natureza jurídica", in *RLJ*, a. 125, n.ºs 3824 (pp. 325-331), 3825 (pp. 357-361), a. 126, n.ºs 3826 (pp. 12-16), 3827 (pp. 37-41), 3828 (pp. 70-75), 3829 e 3930 (pp. 103-107) e 3831 (pp. 166-170), 1993, pp. 169-170.

II. Por outro lado, este poder é *potestativo*, por implicar uma alteração, unilateral, através de manifestação do consumidor, da ordem jurídica, dando lugar a uma nova situação: a mediação de consumo e/ou a arbitragem de consumo, que o profissional não consegue impedir. De facto, do ponto de vista do profissional, destinatário da declaração do consumidor, este nada pode fazer para impedir esse efeito, ficando colocado numa situação de sujeição. Perante a *potestas* do consumidor, o profissional fica impedido de ver a questão resolvida junto dos tribunais estaduais[227]. Poderá, quando muito, colocar em causa a verificação dos pressupostos de facto subjacentes ao poder exercido: que o conflito existente não é de consumo; e/ou que o conflito de consumo existente não é de reduzido valor económico. Isto é, a efetiva existência de tal poder.

3.4. As opções do consumidor: a arbitragem e a mediação de consumo

3.4.1. Enunciado e convivência entre ambas

I. O n.º 2 do artigo 14.º da LDC confere ao consumidor a opção de submeter o conflito de consumo de reduzido valor económico à "arbitragem necessária" ou à "mediação". Apesar de, neste aspeto, a sua redação não ser a mais feliz, dado que, num primeiro momento, fala de "arbitragem necessária" para depois se limitar a falar de "mediação"[228], é nosso entendimento que a mediação aí prevista é também a necessária ou potestativa. De outro modo, a considerar-se voluntária, a posterior alusão a "por opção expressa dos consumidores" deixaria de fazer sentido, uma vez que a mediação, a ser voluntária, além da opção expressa do consumidor, dependeria sempre do consentimento do profissional.

Deste modo, tem o consumidor o poder potestativo de sujeitar o profissional à resolução do conflito de consumo de reduzido valor económico quer à arbitragem, quer ainda à mediação.

[227] Paulo Duarte, "A chamada ...", cit., p. 467.

[228] Teria sido mais correto escrever "arbitragem necessária ou mediação necessária" ou, em alternativa, "arbitragem ou mediação necessárias".

II. Por outro lado, apesar de a arbitragem necessária surgir, à primeira vista, em alternativa à mediação ("arbitragem necessária ou mediação"), não nos parece que os dois mecanismos estejam, entre si, numa relação de alternatividade ou mesmo de prevalência. Efetivamente, o consumidor não tem de optar entre a arbitragem e a mediação, sob pena de se chegar a um resultado ilógico, contrário à finalidade prevista no artigo 14.º da LDC.

Senão vejamos.

O que se pretende no n.º 2 do artigo 14.º da LDC é a efetiva possibilidade de resolução do conflito de consumo por outra via que não a decisão de tribunal estadual, independentemente do mecanismo escolhido pelo consumidor. Assim, negar-se a arbitragem ao consumidor que tenha optado pela mediação não alcança tal escopo sempre que o procedimento de mediação termine por falta de acordo das partes[229]. Significa, pois, que o sentido do n.º 2 do artigo 14.º da LDC é o de permitir ao consumidor sujeitar o conflito de consumo de reduzido valor económico, por opção expressa, a qualquer um dos seguintes procedimentos:

- Apenas à mediação necessária;
- Apenas à arbitragem necessária; mas também, querendo,
- À mediação necessária seguida da arbitragem necessária, em caso de insucesso da primeira[230].

Vejamos.

III. Nas duas primeiras situações, manifestando expressamente o consumidor a opção de apenas submeter o litígio à mediação ou apenas à arbitragem, apesar de ambos os procedimentos correrem de acordo com

[229] Cf. artigo 19.º/*d*) da LMd.

[230] A hipótese contrária, de uma arbitragem seguida de mediação, dificilmente se coloca. Havendo arbitragem, o conflito será resolvido por decisão arbitral. Contudo, haverá que equacionar a hipótese de, na vigência da arbitragem, o consumidor potestativamente querer submeter o mesmo à mediação. A sua admissibilidade parece-nos de rejeitar: o consumidor já optou por um mecanismo que irá resolver o litígio. A mediação, neste contexto, pressuporá o acordo da parte contrária.

o regulamento do centro de arbitragem de conflitos de consumo onde tenha lugar, não deverá acorrer, no primeiro caso, a arbitragem nem, no segundo caso, a mediação pelos serviços do centro, devendo avançar-se diretamente para a arbitragem. Há que respeitar a vontade do consumidor, nos termos em que foi exercida, sem prejuízo de se informar o mesmo de que poderá recorrer previamente à mediação e que, não tendo esta sucesso, pode prosseguir para a arbitragem.

IV. Na terceira situação, a mediação seguida da arbitragem, a mesma tanto pode resultar de uma única declaração de vontade do consumidor, de sujeição do litígio à mediação necessária seguida da arbitragem necessária[231], como ser manifestada por declarações de vontade sucessivas. Isto é, optando o consumidor, num primeiro momento, apenas pela mediação necessária e, terminando esta sem o acordo das partes, vir depois manifestar a intenção de submeter o litígio à arbitragem necessária. Apesar de as declarações de vontade sucessivas não serem, em termos de celeridade e de simplicidade do processo[232], a melhor opção para o consumidor, tal atuação é permitida e não revela uma falta de interesse processual do consumidor, nem constitui, *per se* e na ausência de outros elementos, uma conduta abusiva. É, aliás, o que sucede, na prática, nalguns centros de arbitragem de conflitos de consumo: após a apresentação de reclamação no centro e de frustradas as diligências de mediação com sucesso pelos serviços dos centros, o centro informa o consumidor e pergunta-lhe se deseja avançar para a arbitragem. Por vezes, porque só nesse momento é que o consumidor tem de pagar o preparo[233], pode desistir e não prosseguir para a arbitragem.

[231] Neste caso, terminando o processo de mediação por acordo das partes, haverá uma inutilidade superveniente da arbitragem.

[232] Nalguns centros de arbitragem, aderindo as partes à mediação e à arbitragem, ambas as audiências são agendadas para o mesmo dia, em horas diferentes: a audiência de discussão e julgamento imediatamente após a conferência de mediação. Na hipótese de as partes chegaram a acordo, o tribunal arbitral limitar-se-á a homologar o acordo. Na falta do mesmo, o processo segue imediatamente para julgamento. Cf. artigo 16.º/2, 6 e 9 do Regulamento do CIMPAS. Um expediente simples, que previne manobras dilatórias das partes.

[233] Cf. artigo 50.º/3 do Regulamento do CASA.

3.4.2. *De iure constituendo*: por uma eliminação da mediação necessária nos conflitos de consumo

I. De *iure constituendo*, se a consagração, nos conflitos de consumo de reduzido valor económico, da possibilidade de, por iniciativa do consumidor, haver recurso à arbitragem necessária é de aplaudir, o mesmo não se pode dizer em relação à mediação.

II. Na presença de reclamações/pretensões nos conflitos de consumo de baixo valor, por um lado, e na ausência da possibilidade unilateral de recurso à arbitragem, por outro, significa que a submissão do conflito à arbitragem dependerá sempre de uma livre escolha das partes. Se estas não tiverem, previamente ao conflito, previsto o recurso à arbitragem (*cláusula compromissória*), a sua submissão à arbitragem, perante o litígio atual, exigirá um *compromisso arbitral*. Ora, a prática demonstra que, numa parte significativa destes conflitos de baixo valor, o operador profissional não adere estrategicamente à arbitragem, "subindo a parada", por vezes na esperança de forçar o consumidor a desistir[234]. E, muitas vezes, com sucesso. Perante a discussão nos tribunais do Estado de pretensões de baixo valor, com o pagamento da taxa de justiça[235] devida, que pode mesmo ultrapassar o valor do litígio, a maior morosidade do processo[236] e, nalguns casos, a necessidade de constituir mandatário judicial, seja ela obrigatória[237] seja ela derivada da maior complexidade e formalismo do processo judicial, o consumidor não avança[238]. Basta pensar em situações

[234] Joana Campos Carvalho/Jorge Morais Carvalho, "Especificidades da arbitragem ...", cit., p. 75.

[235] Ainda que o consumidor o possa fazer gratuitamente, por estar dispensado do pagamento de taxa de justiça nos casos previstos na lei, para tal acontecer terá de passar por burocracia morosa e exigente.

[236] Recorde-se que, nos termos do disposto no artigo 10.º/5 da L. n.º 144/2015, os procedimentos de RAL devem estar concluídos no prazo de 90 dias, prorrogável por duas vezes e por iguais períodos. Quanto à morosidade dos tribunais estaduais, cf. Tiago Soares da Fonseca, *A transação* ..., cit., pp. 30 e ss.

[237] Cf. artigo 40.º do CPC.

[238] Com Pedro Pires de Sousa, "A unidirecionalidade ...", cit., p. 47, "(...) ou o consumidor recorre ao tribunal arbitral ou recorre a lado nenhum".

habituais do dia-a-dia, como a aquisição de uma peça de roupa barata sem um botão, de um secador de cabelo com uma peça partida, de uma empreitada de revisão de um carro em que o mesmo é devolvido com uma peça interior partida ou de um acidente de viação onde apenas se discute a privação do uso por três dias, o período de tempo necessário à reparação do veículo. Em todos estes casos, se a única alternativa do consumidor que se sinta prejudicado for, na falta de acordo com o operador económico profissional, recorrer aos tribunais judiciais, provavelmente não o fará. Numa análise objetiva, numa relação custo-benefício, essa será a opção mais acertada. Levar o conflito para o tribunal do Estado será uma perda de tempo, de dinheiro e, ademais, com um risco de insucesso[239]. Se, apesar disso, o consumidor o fizer, uma de três situações tenderá a suceder: é abastado; fá-lo por uma questão de princípio ("de justiça"); não ponderou adequadamente as consequências da sua opção.

Assim, neste contexto, a possibilidade de os conflitos de consumo de reduzido valor económico ficarem sujeitos à arbitragem necessária por opção expressa do consumidor é uma solução de elogiar, uma vez que, se esse conflito não for esclarecido pelas partes, muito provavelmente pelos motivos atrás referidos, não será resolvido por um tribunal estadual. Ao possibilitar-se a sua resolução por árbitro, um terceiro imparcial, independente e com os conhecimentos técnicos adequados, assegura-se uma proteção jurídica efetiva ao consumidor.

III. Contudo, o mesmo não se pode dizer quanto à possibilidade de os conflitos de consumo de reduzido valor económico ficarem sujeitos à mediação necessária por opção expressa dos consumidores. Uma solução intermédia entre a *mediação voluntária* e a *mediação obrigatória* por imposição legal a ambas as partes[240].

[239] António Menezes Cordeiro, "A arbitragem de consumo", in *Estudos de Direito do Consumidor*, n.º 11, 2016 (pp. 67-71), p. 70.

[240] Contra a mediação obrigatória em geral, cf. Cátia Marques Cebola, "Mediação voluntária ou obrigatória: eis a questão!", in *Newsletter Mediare*, 3, 2017 (pp. 2-4), pp. 3-4. Por sua vez, Mariana França Gouveia, "Mediação e processo civil", in *Cadernos de Direito Privado*, número especial 1, 2010 (pp. 22-44), p. 34, apesar de não excluir, *a priori*, o sistema de mediação obrigatória, considera que a sua implementação geral seria mal recebida (em 2010).

Na mediação potestativa[241], assiste-se à exceção de um princípio geral das mediações realizadas em Portugal: o da sua voluntariedade (art. 4.º da LMd)[242]. Esta exceção, além de criar uma dualidade de regimes no âmbito das relações de consumo sem justificação[243], consagra uma solução ilógica que desvirtua a essência da figura enquanto mecanismo voluntário de resolução alternativa de litígios[244], sem a utilidade pretendida. Com efeito, na mediação, ao contrário da arbitragem, a composição do litígio não é remetida para a decisão de um terceiro, mas permanece nas partes. Assim, para ser eficaz tem de ser desejada por ambas as partes[245]. Tal acontece na mediação em geral, mas também na mediação de conflito de consumo de reduzido valor económico por opção do consumidor. O profissional, por opção do consumidor, apenas fica sujeito a ter de passar pela mediação, antes de o consumidor avançar para o tribunal, estadual ou arbitral. Significa que o efeito prático da mediação injuntiva mais não

Ainda sobre esta modalidade, cf., no *Direito italiano*, Giulio Spina, *Mediazione obbligatoria*, cit., onde, como se viu, a mediação obrigatória, enquanto condição de procedibilidade da ação judicial, é consagrada em certos conflitos de consumo. Cf. 2.4.1., c), II, *supra*.

[241] Quanto à constitucionalidade da mediação obrigatória, perante o disposto no artigo 20.º/1 da CRP, cf. Paula Costa e Silva, *A nova face da justiça – Os meios extrajudiciais de resolução de controvérsias*, Coimbra Editora, Coimbra, 2009, pp. 70-71, Mariana França Gouveia, "Mediação e processo civil", cit., pp. 33-34, e Jorge Morais Carvalho, "A consagração legal da mediação em Portugal", in *Julgar*, n.º 15, 2011 (pp. 271-290), pp. 280-281, ambos os autores concluindo pela sua constitucionalidade. No *Direito italiano*, *vd.* Giulio Spina, *Mediazione obbligatoria*, cit., pp. 6-8, Carmela Perago, "Spunti di riflessione sulla compatibilità costituzionale della mediazione obbligatoria", in *Responsabilitá Civile e Previdenza*, n.º 9, 2011 (pp. 1877-1892), pp. 1884 e ss.

[242] Cf., ainda, artigo 3.º da LMd. *Vide* ainda, no mesmo sentido, os artigos 49.º/2 e 55.º da Lei dos Julgados de Paz, o artigo 3.º/5 da Lei da Mediação Penal e ainda o artigo 273.º/1, *in fine*, do CPC.

[243] Com efeito, nos litígios de consumo relativos a serviços públicos essenciais, previstos no artigo 15.º da L. n.º 23/96, o consumidor não tem a opção de submeter a sua resolução à mediação. A este propósito, considerando excluída a mediação obrigatória, cf. Cátia Marques Cebola, "A mediação nos conflitos ...", cit., pp. 161-162.

[244] Jorge Morais Carvalho, "A consagração ...", cit., pp. 280-281, admitindo *"eventualmente que a presença numa sessão de pré-mediação, destinada exclusivamente ao esclarecimento das partes, possa ser imposta, sem que os princípios fundamentais da mediação sejam desvirtuados"*.

[245] José Alves Pereira, "Mediação voluntária, sugerida ou obrigatória?", in *Resolução alternativa de litígios. Colectânea de textos publicados na Newsletter DGAE*, Ministério da Justiça, Lisboa, 2006 (pp. 152-154), p. 152.

é do que colocar o profissional numa situação de sujeição quanto à sua participação numa sessão de mediação, quando esta seja presencial, ou de responder a contato telefónico ou por correio eletrónico do centro de arbitragem, quando a mediação tenha lugar por mecanismos de comunicação à distância, por contacto intermediado pelo centro de arbitragem. Mas não mais do que isso. O profissional não fica obrigado a entender-se com o consumidor[246]. Assim, o sucesso da mediação, ainda que por opção do consumidor, pressupõe, ao contrário da arbitragem necessária, uma predisposição das partes para alcançar uma solução consensual.

Ora, na maioria das situações de conflitos de consumo de reduzido valor económico, as partes já tiveram oportunidade de apresentar as respetivas posições. E, por tal ocasião, já terão manifestado indisponibilidade para se entenderem. Forçar, por iniciativa de uma das partes, a parte contrária a novos contactos com vista a uma solução consensual, não só dificilmente conduzirá a um resultado positivo, em termos de eficácia[247], como ainda poderá acarretar desvantagens. Por um lado, contribuindo para uma maior animosidade por parte de quem se veja sujeito a realizar uma diligência destinada a chegar a um acordo que, previamente, já recusou. Por outro, adiando a resolução do litígio, sendo prejudicial para o próprio consumidor que assim optou[248]. De todo o modo, há que reconhecer que, sendo a mediação realizada de acordo com as regras previstas nos centros de arbitragem de conflitos de consumo[249], cujos regulamentos preveem que possa ocorrer através de mecanismos de comunicação à distância, por meio de sucessivos contactos bilaterais intermediados[250], o atraso na resolução da

[246] Dulce Lopes/Afonso Patrão, *Lei da Mediação comentada*, 2.ª ed., Almedina, Coimbra, 2016, p. 31.

[247] Dulce Lopes/Afonso Patrão, *Lei da Mediação ...*, cit., p. 32.

[248] Cf., de modo idêntico, Paula Costa e Silva, *A nova face ...*, cit., pp. 44-45, concluindo tratar-se de um "*sistema inadequado pois acaba por impor uma formalidade que se prevê inútil quanto aos resultados substanciais que é destinada a propiciar: a obtenção de um acordo*".

[249] Cf. art. 14.º/2 da LDC.

[250] Cf. artigo 9.º/3 do Regulamento Harmonizado de Funcionamento, atualmente seguido por vários Centros de Arbitragem de Conflitos de Consumo, disponível em https://www.consumidor.gov.pt/mapa-ral-simplex-out_2017/obrigacoes-das-entidades-ral.aspx.
Segundo Jorge Morais Carvalho/João Pedro Pinto-Ferreira, "Reflexão sobre a arbitragem ...", cit., p. 32, são três as justificações para esta opção: a distância do centro de arbitragem

peleja pode não ser muito significativo. Não deixará, contudo, de ser uma atividade pouco produtiva dos recursos humanos destes centros.

IV. Por fim, do ponto de vista prático, assentando a mediação na voluntariedade das partes que, inclusivamente, podem, em qualquer momento, conjunta ou unilateralmente, desistir da mesma, sem que tal consubstancie uma violação do dever de cooperação nos termos previstos no Código de Processo Civil[251], não se encontra prevista qualquer consequência para o profissional que se recuse a participar numa mediação promovida pelo consumidor, nem tão-pouco se vê como tal recusa possa constituir fundamento para uma responsabilização relevante do profissional perante o consumidor[252].

Na perspetiva dos danos, porque a supressão da vantagem reconhecida pelo Direito ao consumidor seria apenas a de o profissional participar, juntamente com o consumidor, numa sessão de mediação ou de o profissional responder a contato telefónico ou por correio eletrónico do centro de arbitragem em sede de mediação. Não tendo o consumidor qualquer vantagem traduzida num direito a que o profissional se entenda consigo, o dano patrimonial do consumidor será necessariamente pouco significativo. No que diz respeito aos eventuais danos resultantes desde a recusa da mediação até à decisão arbitral ou judicial, nem sequer serão indemnizáveis. Com efeito, estes danos, a existirem, já não estão abrangidos no escopo da norma do artigo 14.º/2 da LDC, faltando o pressuposto constitutivo do nexo causal. A responsabilidade dos mesmos será no âmbito do eventual incumprimento, pelo profissional, do contrato de consumo[253].

das partes; o reduzido valor do litígio, que não justifica a deslocação das partes; a ausência de uma relação pessoal entre as partes que a paz social de um acordo à distância não possa alcançar.

[251] Cf. art. 4.º/2 e 3 da LMd.

[252] Entre nós, a questão foi suscitada por Mariana França Gouveia, "Mediação e processo civil", cit., p. 37, ainda que em sede de violação da convenção de mediação, e Jorge Morais Carvalho/João Pedro Pinto-Ferreira, "Reflexão sobre a arbitragem ...", cit., pp. 33-34, admitindo a via da responsabilidade civil delitual, mas reconhecendo um problema quanto à prova do dano e do nexo de causalidade.

[253] Identicamente, cf. Jorge Morais Carvalho/João Pedro Pinto-Ferreira, "Reflexão sobre a arbitragem ...", cit., p. 33.

Quanto ao nexo causal, basta ao consumidor demonstrar que o profissional se recusou a participar na mediação para o mesmo estar demonstrado. Não nos parece que o consumidor tenha ainda o ónus de demonstrar que, caso a mediação tivesse lugar, seria concluído um acordo. Tal acordo, a ser alcançado, não está, em nosso entender, na vantagem proporcionada pelo artigo 14.º/2 da LDC ao consumidor[254]. Isto é, no escopo da norma.

Por fim, ainda que o consumidor demonstre ter sofrido um dano e que o mesmo mereça tutela pelo Direito, teríamos de concluir que, para o exercício desta pretensão indemnizatória, o consumidor teria, ademais, de recorrer aos tribunais estaduais.

Concluindo, a consequência da recusa do profissional em participar na mediação potestativa por opção do consumidor é, para aquele, em termos práticos, inócua[255].

V. Assim, pelos motivos expostos, a solução da mediação nos conflitos de consumo por mera opção do consumidor é, pelo menos, de rever[256].

3.5. Local de resolução do conflito: centros de arbitragem de conflitos de consumo legalmente autorizados

I. O consumidor não tem a liberdade de submeter a apreciação do conflito de consumo de reduzido valor económico a qualquer tribunal arbitral. Com efeito, nos termos do n.º 2 do artigo 14.º da LDC, a arbitra-

[254] Aparentemente em sentido contrário, Mariana França Gouveia, "Mediação e processo civil", cit. p. 37, e Jorge Morais Carvalho/João Pedro Pinto-Ferreira, "Reflexão sobre a arbitragem ...", cit., p. 33, ainda que apontando, respetivamente, para a impossibilidade ou dificuldade de prova do nexo causal.

[255] Quando muito, recorrendo a lugar paralelo, poderia equacionar-se a possibilidade de o consumidor invocar a aplicação do artigo 12.º/4 da LMd que, quanto ao tribunal, não distingue se é o judicial ou o arbitral.

[256] Propondo uma alteração do regime, prevendo, por exemplo, que o profissional que não participe na mediação será responsável pelas custas de parte do consumidor numa ação que venha a ter lugar, independentemente do sentido da decisão, vejam-se Jorge Morais Carvalho/João Pedro Pinto-Ferreira, "Reflexão sobre a arbitragem ...", cit., p. 34.

gem terá lugar "*nos centros de arbitragem de conflitos de consumo legalmente autorizados*"[257]. Significa, portanto, que, por um lado, a arbitragem não pode ser *ad hoc*, mas institucionalizada, e, por outro, que não será realizada em qualquer centro de arbitragem, mas apenas nos centros de arbitragem de conflitos de consumo autorizados. Assim, se o consumidor quiser, por hipótese, submeter o litígio de consumo a uma arbitragem *ad hoc* ou num outro centro de arbitragem que não seja de conflitos de consumo, só o poderá fazer com o consentimento do profissional[258] e no âmbito da competência do centro onde pretenda a resolução do conflito.

II. A circunstância de a arbitragem de conflito de consumo de reduzido valor económico ter lugar num centro de arbitragem de conflito de consumo autorizado pressupõe algumas considerações adicionais.

A primeira delas diz respeito a saber quais os centros de arbitragem abrangidos pelo artigo 14.º/2 da LDC: se os centros de arbitragem de conflitos de consumo de competência genérica, que integram a RAC; se também os centros de arbitragem de competência especializada e os outros centros de competência genérica mas com competência para resolver litígios de consumos. Ora, quanto a este ponto, não procedendo o legislador a qualquer ressalva, é nosso entendimento que, em abstrato, o consumidor pode optar pela apreciação do conflito por qualquer centro de arbitragem legalmente autorizado com competência para resolver litígios de consumo[259]. Isto é, junto de um centro de arbitragem com competência genérica para a resolução de conflitos de consumo, mas também junto de outros centros de arbitragem, contanto que, entre as matérias da sua competência, conste a resolução de conflitos de consumo.

[257] Quanto à locução "legalmente autorizados", atento o disposto no artigo 62.º/1 da LAV e o DL n.º 425/86, de 27 de dezembro, parece-nos desnecessária.

[258] De modo idêntico, a propósito do artigo 15.º da L. n.º 23/96, cf. Paulo Duarte, "A chamada ...", cit., p. 468.

[259] Neste sentido, *vide* Jorge Morais Carvalho/João Pedro Pinto-Ferreira, "Reflexão sobre a arbitragem ...", cit., p. 18, considerando suficiente que o mencionado centro integre a lista de entidades de RALC.

III. De todo o modo, sendo a arbitragem efetuada numa instituição arbitral, haverá que tomar em consideração o respetivo regulamento do centro de arbitragem, nos termos do qual são estabelecidas as regras relevantes do procedimento arbitral. E, neste contexto, a articulação da aplicação de tais regras internas de funcionamento e de procedimento com o disposto no artigo 14.º/2 da LDC não é isenta de dúvidas. Por exemplo, no que diz respeito à competência material e à competência territorial do centro de arbitragem[260].

Começando pela *competência material*, a questão coloca-se perante os centros de arbitragem de competência especializada. É o caso do CASA[261] e do CIMPAS[262]. Naturalmente, quanto aos centros de arbitragem de conflitos de consumo de competência genérica, uma vez que, como o nome indicia, são competentes para resolver quaisquer conflitos de consumo, terão sempre, segundo este critério, competência para conhecer destes litígios. Porém, relativamente aos centros de arbitragem com competência especializada em razão da matéria, não basta a existência de um

[260] Em relação à competência em razão do valor, não se suscitam problemas de articulação. Com efeito, quanto a este critério, apesar dos limites existentes, sendo de € 5000,00 o limite mais baixo dos centros que estabelecem limites – CACCL (art. 6.º do Regulamento) e CACRC (art. 6.º do Regulamento) –, não há dúvidas quanto à sua competência para conhecer, em arbitragem necessária, conflitos de consumo de reduzido valor económico.

[261] A competência material do CASA circunscreve-se à resolução de litígios, de consumo ou não, relativos às matérias previstas no artigo 1.º do respetivo Regulamento.

[262] A competência material do CIMPAS compreende os litígios, de consumo ou não, emergentes ou relacionados com a formação, execução e/ou cessação de contratos de seguro, com exclusão das seguintes situações: sinistros objeto de litígio ocorrido fora do território nacional; litígios cuja reclamação não tenha sido previamente apresentada à entidade de quem se está a reclamar; litígios que se encontrem pendentes ou já decididos por outra entidade de resolução alternativa de litígios ou por um tribunal judicial; litígios entre mediadores de seguros e seguradores. Por outro lado, se resultarem danos corporais do sinistro, as partes apenas podem submeter ao tribunal arbitral a regularização dos mesmos caso não estejam em causa incapacidades permanentes devidamente comprovadas ou morte dos sinistrados. Se tiverem resultado incapacidades permanentes ou morte dos intervenientes, podem as partes, por acordo, submeter ao tribunal arbitral apenas a regularização dos danos materiais decorrentes do sinistro. Por fim, caso o litígio resulte de um acidente de viação no qual tenham sido intervenientes mais de quatro viaturas, o CIMPAS apenas poderá dirimir o litígio desde que não haja oposição expressa das entidades reclamadas. Cf. artigos 2.º, 3.º e 4.º do respetivo Regulamento.

conflito de consumo de reduzido valor económico. É ainda necessário que esse conflito caia na matéria da competência do centro. Por exemplo, para a resolução de um conflito de consumo de reduzido valor económico no CASA[263] não basta isto. É ainda necessário que o mencionado conflito seja decorrente da prestação de serviços de assistência, manutenção e reparação automóvel, da revenda de combustíveis, óleos e lubrificantes, da compra e venda de peças, órgãos ou quaisquer outros materiais destinados a serem aplicados em veículos automóveis, da compra e venda de veículos novos ou usados ou, por fim, de serviços prestados por empresas detentoras de parques de estacionamento.

Quanto à *competência territorial*, verifica-se que, de acordo com os respetivos regulamentos, a competência de alguns dos centros de arbitragem está circunscrita a litígios de consumo que tenham ocorrido na área definida nos mesmos. Por exemplo, o CACCL[264] possui um âmbito territorial correspondente ao da Área Metropolitana de Lisboa, sendo competente para a resolução de conflitos originados por contratos de consumo celebrados dentro do respetivo âmbito geográfico. Já o âmbito territorial do CIMAAL[265] é o do Distrito de Faro, sendo competente para a resolução de conflitos originados por contratos de consumo celebrados dentro do respetivo âmbito geográfico.

Ora, estas limitações de competência territorial dos centros de arbitragem de conflitos de consumo continuam a aplicar-se ao consumidor que, por opção expressa, sujeite o conflito de consumo de reduzido valor económico ao tribunal arbitral destes centros. Conforme já observado entre nós[266], a atribuição de competência aos centros de arbitragem de conflitos de consumo não pode exceder a medida da competência do tribunal arbitral segundo o respetivo regulamento. Por este motivo, quando, no artigo 14.º/2 da LDC, se lê "*sejam submetidos à apreciação de tribunal arbitral adstrito aos centros de arbitragem de conflitos de consumo*", tal significa que os litígios de consumo de reduzido valor económico podem ser apreciados por tribunal arbitral de centros de arbitragem com competência para a

[263] Cf. artigo 1.º do respetivo Regulamento.

[264] Cf. artigos 3.º e 5.º/1 do respetivo Regulamento.

[265] Cf. artigos 3.º e 5.º/1 do respetivo Regulamento.

[266] Cf. Paulo Duarte, "A chamada ...", cit., p. 464, a propósito do artigo 15.º da L. n.º 23/96.

resolução de conflitos de consumo e nos termos previstos no respetivo regulamento. De facto, a(s) única(s) normas dos mencionados regulamentos que não se aplicam são aquelas que fazem depender a constituição do tribunal arbitral do consentimento do profissional.

Em face do exposto, podemos retirar que, do mesmo modo que o consumidor que tenha adquirido a um profissional um computador defeituoso não poderá optar pela submissão da sua apreciação ao CIMPAS, também um consumidor que resida em Lisboa não poderá, por opção expressa, submeter à apreciação do tribunal arbitral adstrito ao CACCL um conflito de consumo de reduzido valor económico originado por um contrato de consumo celebrado em Portimão. Em ambos os exemplos, não obstante estarmos perante um conflito de consumo de reduzido valor económico, ocorre uma incompetência do tribunal arbitral.

IV. Ainda a propósito da arbitragem potestativa de conflitos de consumo de reduzido valor económico acolhida no artigo 14.º/2 da LDC, importa examinar a autonomia das partes no que concerne ao seu funcionamento. Respondendo, para tanto, a duas questões:

- *O que sucede na hipótese de as partes terem celebrado uma cláusula compromissória relativa a conflito de consumo de reduzido valor económico?*
- *Se nada tendo acordado entre si e ocorrendo uma arbitragem de conflito de consumo de reduzido valor económico por opção do consumidor, qual a liberdade de estipulação das partes em relação ao respetivo procedimento arbitral?*

Examinemos.

Tendo as partes celebrado uma cláusula compromissória em relação a um eventual conflito de consumo de reduzido valor económico emergente de determinada relação jurídica, o consumidor não vê excluída a possibilidade de, por opção expressa, sujeitar a sua apreciação a um centro de arbitragem de conflitos de consumo. Com efeito, a solução prevista no artigo 14.º/2 da LDC continua a valer, conforme pode extrair-se do capítulo III da Lei de Defesa do Consumidor e ainda do artigo 16.º da mencionada lei. Deste modo, uma convenção de arbitragem assim estipulada apenas terá por efeito, na perspetiva do consumidor, a previsão de uma competência concorrencial, ao nível arbitral, para a resolução do mencionado conflito. Isto é, perante um conflito de consumo de reduzido valor económico, o consumidor tanto poderá optar pela sua apreciação num tribunal arbitral adstrito aos centros de arbitragem de conflitos de consumo legalmente autorizados, com fundamento no artigo 14.º/2 da LDC, como ainda, em alternativa, a arbitragem *ad hoc* ou institucionalizada, neste caso com fundamento na convenção de arbitragem celebrada.

Na hipótese de as partes em conflito terem celebrado uma convenção de arbitragem, antes ou depois do conflito de consumo, poderá a mesma, ainda que residualmente, ter importância, mesmo quando exista uma opção expressa do consumidor em sujeitar a sua apreciação a um centro de arbitragem de consumo. Com efeito, apesar de a arbitragem prevista no artigo 14.º/2 da LDC ser institucionalizada e seguir, enquanto tal, as regras do regulamento do centro arbitragem de conflito de consumo onde este seja apreciado, podem as partes ainda dispor de alguma margem de regulamentação. Quer relativamente a questões diretamente tratadas nos regulamentos desses centros, quer ainda em relação a matérias que não se encontrem diretamente previstas nos mesmos. Assim, por exemplo, podemos observar que na generalidade dos regulamentos dos centros de arbitragem de conflitos de consumo se prevê que o árbitro decide segundo o direito constituído, salvo se as partes acordarem que o conflito seja decidido segundo a equidade[267] ou ainda que, salvo acordo em contrário, as despesas com os meios de prova, nomeadamente com a realização de peritagens e análises técnicas, são da responsabilidade da parte que os apresentar ou requerer[268]. Num outro centro de arbitragem, admite-se que as partes possam acordar que o tribunal arbitral seja constituído por três árbitros ou quanto ao local do seu funcionamento[269]. Deste modo, quanto a matérias cuja fixação, nos termos dos regulamen-

[267] Com o limite, apesar de não estar expressamente previsto nos mencionados Regulamentos, do disposto no artigo 30.º/2 da LAV. Cf. António de Magalhães Cardoso/Sara Nazaré, "A arbitragem necessária ...", cit., pp. 52-53.

[268] Cf. artigo 14.º/3 e 8, respetivamente, dos Regulamentos do CACCL, do CIAB, do CICAP, do TRIAVE, do CACRC e do CIMAAL. *Vide*, ainda, o artigo 14.º/9 e 13 do Regulamento do CNIACC, o artigo 13.º/1 do Regulamento do CACCRAM, o artigo 51.º/3 do Regulamento do CASA e o artigo 26.º/3 do Regulamento do CIMPAS, quanto ao critério de julgamento da decisão arbitral.

[269] Cf. artigos 32.º/2 e 34.º/3, respetivamente, do Regulamento do CASA. *Vide*.

tos dos centros de arbitragem, esteja na disponibilidade das partes, mas também quanto a matérias que não estejam expressamente previstas nos regulamentos dos centros de arbitragem e que caem na autonomia das partes regular, a convenção de arbitragem poderá não ser inócua[270].

V. A solução acima exposta, apesar de a letra da lei não ser tão explícita ("*sejam submetidos à apreciação de tribunal arbitral*"), vale também para a mediação. Explicita-se: sempre que o conflito de consumo de reduzido valor económico fique, por opção expressa do consumidor, sujeito à mediação, a mesma terá também por referência, no seu desenrolar num dos centros de arbitragem de conflitos de consumo legalmente autorizados, o disposto nos respetivos regulamentos[271]. Naturalmente, no que aí esteja previsto quanto à mediação. Isto é, enquanto procedimento de resolução alternativa de litígios que pressupõe a assistência de um mediador de conflitos, terceiro imparcial e independente, desprovido de poderes de imposição aos mediados, que os auxilia numa tentativa de construção de um acordo final[272]. Tais características, conjugadas com os princípios de mediação, em particular o da confidencialidade[273], são incompatíveis com a realização da mediação no tribunal arbitral. Havendo mediação, a eventual intervenção do tribunal arbitral será *a posteriori*: em caso de acordo das partes, para eventual homologação do mesmo; na falta de acordo das partes e sendo tal a opção do consumidor, para julgamento arbitral. Em ambos os casos, observando o que consta nestas matérias no regulamento de arbitragem do centro.

[270] De modo semelhante, vejam-se António de Magalhães Cardoso/Sara Nazaré, "A arbitragem necessária ...", cit., pp. 52-53, e STJ de 26 de novembro de 2015, Proc. n.º 538/13.0YRLSB.S1 (Fernanda Isabel Pereira), disponível em www.dgsi.pt.

[271] Mais problemática é a hipótese de o regulamento do centro não prever a mediação. É o caso do CACCRAM, que apenas alude à conciliação pelo diretor do centro (art. 7.º/1 do Regulamento). Neste caso, parece-nos, a solução passa pela conclusão da falta de competência deste centro para a mediação que o consumidor tenha optado.

[272] Cf. artigo 2.º/*a)* da LMd.

[273] *Vide* artigo 5.º da LMd.

4.
Do direito do consumidor a estar representado ou assistido (artigo 14.º, n.º 4, da Lei de Defesa do Consumidor)

I. Nos termos gerais, todas as Entidades de RAL, isto é, as entidades que possibilitam a resolução alternativa de litígios iniciados por um consumidor contra um fornecedor de bens ou prestador de serviços e respeitem a obrigações contratuais resultantes de contratos de compra e venda ou de prestação de serviços, celebrados entre fornecedor de bens ou prestador de serviços estabelecidos e consumidores residentes em Portugal e na União Europeia[274], devem assegurar que as partes não têm de recorrer a um advogado e podem fazer-se acompanhar ou representar por terceiros em qualquer fase do procedimento. Assim está previsto no n.º 2 do artigo 10.º da L. n.º 144/2015, de 8 de novembro, que estabelece os princípios e as regras de funcionamento das Entidades de RAL de consumo em Portugal que funcionam em rede[275]. E, de facto, se percorrermos os diferentes regulamentos dos centros de arbitragem com competência em conflitos de consumo, podemos observar que quase todos asseguram idêntica solução ao nível da audiência arbitral, prevendo, que as partes se podem fazer representar por advogados ou ser assistidas por terceiros, nomeadamente por associações de consumidores ou associações empresariais[276]. As primeiras associações, assistindo os consumidores. As últi-

[274] Cf. artigos 2.º e 3.º/*b*) da L. n.º 144/2015.

[275] Artigo 1.º da L. n.º 144/2015.

[276] Cf. artigo 14.º/4 dos Regulamentos do CACCL, do CIAB, do CICAP, do TRIAVE, do CACRC e do CIMAAL, e artigo 14.º/10 do Regulamento do CNIACC. *Vide* ainda, artigo 18.º do Regulamento do CACCRAM, ainda que circunscrito ao recurso (pensamos que por

mas, assistindo os profissionais. Apenas no regulamento do CAUAL se prevê a representação por advogado, nada se dizendo quanto à assistência por terceiro[277].

II. Este dever das Entidades de RAL visa, conforme resulta da epígrafe do artigo 10.º da L. n.º 144/2015, de 8 de novembro, conferir *eficácia* e *acessibilidade* aos procedimentos de resolução alternativa de litígios de consumo. Sempre na perspetiva do consumidor[278], ainda que, por um princípio de igualdade das partes, esta possibilidade de não recorrer a um advogado e de poder fazer-se acompanhar ou representar por terceiro valha também para a parte contrária[279].

Observemos.

Se o acesso dos consumidores, por sua iniciativa, aos procedimentos proporcionados pelas Entidades de RAL de consumo só for possível através de advogado, o mais certo será que muitos dos consumidores, sobretudo nos litígios de valor diminuto, atento os honorários a pagar ao advogado, não recorram a tais procedimentos. Nem, por maioria de razão, aos tribunais estaduais. Será essa a opção racionalmente mais acertada, numa lógica de custo-benefício, de não agravar os custos do consumidor. Se, diferentemente, ao consumidor for permitido atuar diretamente, em causa própria, sem estar representado ou assistido, em qualquer fase dos procedimentos de resolução alternativa de litígios, as hipóteses de os litígios de consumo serem apreciados nas Entidades de RAL aumentam consideravelmente. Seja na mediação, seja na arbitragem, seja em ambas.

lapso), os artigos 7.º/3, 25.º/1 e 49.º do Regulamento do CASA, e, por fim, os artigos 16.º/2 (mediação) e 25.º (arbitragem) do Regulamento do CIMPAS.

[277] Cf. artigo 15.º/1 do Regulamento do CAUAL. Nos termos do artigo 15.º/2 do mesmo Regulamento, nos conflitos que não caibam no âmbito da L. 144/2015, as partes já devem ser representadas por advogado.

[278] Artigo 2.º/1 da L. n.º 144/204, de 8 de setembro ("quando os mesmos sejam iniciados por um consumidor").

[279] Artigo 10.º/2 da L. n.º 144/204, de 8 de setembro ("devem também assegurar que as partes").

Assim, a dispensa de patrocínio judiciário na arbitragem de RAL de consumo assevera, do ponto de vista económico, o acesso à mesma[280].

No que à *eficácia* dos procedimentos de resolução alternativa de litígios de consumo diz respeito, aqui entendida como a aptidão para produzir o efeito pretendido pelo consumidor, poderia esta ser posta em causa se o consumidor não pudesse fazer-se representar por advogado, mas também quando, não querendo recorrer aos serviços de advogado, não pudesse fazer-se assistir por terceiro que o auxiliasse nas questões em análise. Por exemplo, o filho a assistir a mãe com idade mais avançada, o cunhado a assistir a viúva num litígio de consumo quanto a um serviço de funeral do irmão falecido. Assim, procura assegurar-se tal eficácia, elucidando-se as partes de que podem, querendo, fazer-se representar ou ser assistidas por terceiros. Contudo, ainda nesta sede, teria sido igualmente conveniente que o legislador tivesse genericamente previsto que as Entidades de RAL de consumo deveriam ainda assegurar-se de que os consumidores são devidamente informados de que, não estando acompanhados ou representados por advogado, os riscos de insucesso do processo arbitral são acrescidos. Na verdade, a resolução arbitral de um conflito de consumo constitui matéria que pressupõe não só o domínio de regras de direito substantivo mas também de direito adjetivo, raras vezes dominadas pelo *consumidor médio*. Conforme tivemos já oportunidade de dizer[281], avançando diretamente para uma arbitragem de consumo sem os conhecimentos técnicos e elementares de Direito, o *consumidor médio*, apesar de até poder ter razão, corre o risco de não a ver reconhecida. Posto que, além da razão, é necessário, em primeiro lugar, alegar os factos constitutivos do direito exercido e, depois, proceder à sua demonstração. Frequentemente, tal não acontece na "ação arbitral direta" do consumidor.

III. Regressando especificamente à arbitragem de conflito de consumo de reduzido valor económico por opção expressa do consumidor, o n.º 4

[280] Jorge Morais Carvalho/João Pedro Pinto-Ferreira/Joana Campos Carvalho, *Manual de resolução ...*, cit., p. 127.

[281] Tiago Soares da Fonseca, "Entidades de Resolução Alternativa ...", cit., p. 244, nota 176. Sobre as *poupanças naïf*, cf. António Menezes Cordeiro, *Tratado da arbitragem*, Almedina, Coimbra, 2015, pp. 181-182.

do artigo 14.º da LDC prevê que este deve "*ser notificado* [pelo centro de arbitragem], *no início do processo, de que pode fazer-se representar por advogado ou solicitador, sendo que, caso não tenha meios económicos para tal, pode solicitar apoio judiciário, nos termos da lei que regula o acesso ao direito e aos tribunais.*" Trata-se de um dever mínimo de informação ao consumidor, não estando a Entidade de RAL de consumo impedida de prestar, neste âmbito, informações adicionais. Designadamente elucidando quais as vantagens ou os riscos de o consumidor se fazer representar por advogado ou informando o consumidor das condições efetivas para solicitar o apoio judiciário.

Este dever de informação do consumidor pela Entidade de RAL[282], que é de louvar, reforça um acesso eficaz aos mecanismos de resolução alternativa de litígios. Com efeito, não raras vezes, o consumidor médio sente a necessidade de estar representado por advogado: seja considerando a complexidade da questão[283], seja ainda por estar consciente das suas limitações em termos de conhecimentos técnicos, designadamente por ser a primeira que se depara com este tipo de conflitos. Contudo, nem sempre tem os meios económicos para tal.

Ora, se é verdade que esta possibilidade de solicitar o apoio judiciário, nas suas diferentes modalidades[284], já é permitida nos termos gerais[285], também não deixa de ser correto que, muitas vezes, tal possibilidade é desconhecida do consumidor, não se encontrando sequer expressamente prevista na maioria dos regulamentos das Entidades de RAL de Consumo[286]. Deste modo, ao consagrar-se que o consumidor deve ser notifi-

[282] Sobre as informações da RAL de consumo a prestar pelo profissional ao consumidor, cf. Jorge Morais Carvalho/João Pedro Pinto-Ferreira/Joana Campos Carvalho, *Manual de resolução ...*, cit., pp. 140 e ss.

[283] Jorge Morais Carvalho/João Pedro Pinto-Ferreira/Joana Campos Carvalho, *Manual de resolução ...*, cit., p. 127.

[284] Cf. artigo 16.º/1 da L. n.º 34/2004. Última alteração: L. n.º 2/2020, de 31 de março.

[285] Segundo o artigo 17.º/1 da L. n.º 34/2004, o apoio judiciário aplica-se também a estruturas de RAL. De acordo com o artigo 9.º e o Anexo da P. n.º 10/2008, de 3 de janeiro (última alteração pela P. n.º 319/2011, de 30 de dezembro), o apoio judiciário às estruturas de RAL compreende as seguintes entidades: o CACCL, o CASA, o CICAP, o CIAB, o CACRC, o TRIAVE, o CIMAAL, o CIMPAS e o CNIACC.

[286] Entre as Entidade de RAL que fixam taxas de acesso aos seus serviços, o CACCL e o CASA contemplam a possibilidade de a situação económica dos consumidores não lhes permitir o pagamento dos custos de acesso aos mecanismos de RAL. Assim, no CACCL, estão isentos

cado, no início do processo, que, caso não tenha meios económicos para tal, pode solicitar apoio judiciário nos termos da lei que regula o acesso ao direito e aos tribunais, reforça-se o acesso e a eficácia dos mecanismos de RAL de consumo.

IV. Contudo, não raras vezes, este reforço do acesso e da eficácia dos mecanismos de RAL de consumo é mais aparente do que real. Pelo seguinte motivo. Nos termos do n.º 5 do artigo 10.º da L. n.º 144/2015, os procedimentos de RAL devem ser decididos no prazo de 90 dias a contar da data em que a Entidade de RAL receba o processo de reclamação completo[287]. Este prazo é de difícil compatibilização com a delonga do processo de concessão de apoio judiciário. Assim, com alguma frequência, no momento em que a audiência de arbitragem está agendada, ainda não há decisão quanto ao pedido de apoio judiciário, optando o consumidor por avançar com a mesma, sem qualquer patrocínio judiciário. Muitas vezes só não o fará, se a sua insuficiência económica for de tal ordem que não lhe permita sequer proceder ao pagamento da taxa de acesso ao processo arbitral de conflitos de consumo, nos casos em que a mesma seja devida[288]. A solução, nestes casos, poderá passar pela suspensão do processo e pela eventual prorrogação do prazo de decisão do procedimento de RAL.

V. O incumprimento deste dever de informação da Entidade de RAL não afetará, em nosso entender, a mediação/arbitragem eventualmente realizada. Contudo, poderá a Entidade de RAL, além de contactada diretamente pela Direção-Geral do Consumidor, sendo disso informada e solicitada para assegurar o seu cumprimento, ser punida por contraordenação económica leve[289].

de pagamento da taxa inicial por informação e aconselhamento os consulentes desempregados ou com comprovada situação de dificuldade económica (art. 1.º do Regulamento da taxa de utilização dos serviços do CACCL). No CASA prevê-se que qualquer das partes poderá solicitar benefício de apoio judiciário ao organismo competente no caso de insuficiência de meios económicos para proceder ao pagamento dos preparos (art. 50.º/8 do Regulamento do CASA).

[287] *Vd.* artigo 10.º/6 da L. n.º 144/2015, quanto aos casos de prorrogação.

[288] Tiago Soares da Fonseca, "Entidades de Resolução Alternativa ...", cit., pp. 246-247.

[289] Artigos 17.º/4 e 23.º da L. n.º 144/2015.

5.
Da taxa de justiça do conflito de consumo (artigo 14.º, n.º 5, da Lei de Defesa do Consumidor)

I. As Entidades de RAL de consumo devem assegurar que os procedimentos de resolução alternativa de litígios são gratuitos ou que estão disponíveis para os consumidores contra o pagamento de uma taxa de valor reduzido[290]. E, de facto, assim sucede nos centros de arbitragem de conflitos de consumo[291].

No CACRC, no CIAB[292], no CICAP, no CIMAAL, no CNIACC e no TRIAVE, não obstante o disposto no artigo 16.º dos respetivos Regulamentos, e também no CACCRAM, nos termos do disposto no artigo 21.º do seu Regulamento, o acesso aos procedimentos de resolução alternativa de litígios de consumo pelo consumidor é gratuito.

Diferentemente no CACCL, no CASA e no CIMPAS, o acesso à arbitragem é remunerado. No CACCL, a taxa de utilização dos serviços do centro de arbitragem é gratuito no conflito até € 200,00 e, de € 200,01 em diante, de € 20,00, € 30,00 ou, no máximo, € 40,00, consoante o valor do litígio[293]. Por sua vez, o acesso à arbitragem do CASA varia, progressivamente, entre € 40,00, na reclamação até € 500,00, e um máximo de € 500,00, para reclamações a partir de € 40 000,01[294]. Por fim, quanto

[290] Cf. artigo 10.º/3 da L. n.º 144/2015.

[291] Com maior desenvolvimento, cf. Tiago Soares da Fonseca, "Entidades de Resolução Alternativa ...", cit., pp. 219 e ss.

[292] Apenas são cobrados € 0,10 por impressão de cópia, a suportar por quem enviou o documento.

[293] Cf. artigo 16.º do Regulamento do CACCL e o Regulamento da taxa de utilização dos serviços de mediação e arbitragem do CACCL.

[294] Cf. artigo 50.º do Regulamento do CASA.

ao CIMPAS, a taxa devida corresponde a 3% do valor reclamado, com um mínimo de € 70,00 e um máximo de € 700,00[295].

II. Nos casos, pontuais, em que o acesso do consumidor à mediação e/ou à arbitragem de consumo junto de centro de arbitragem de conflito de consumo pressupõe o pagamento de uma taxa, determina o n.º 5 do artigo 14.º da LDC que o consumidor fica dispensado do seu pagamento prévio, que será apurado a final.

Em rigor, o n.º 5 do artigo 14.º da LDC fala em "taxa de justiça", sendo certo que nos centros de arbitragem de consumo não há propriamente, ou pelo menos com tal designação, alusão a uma taxa de justiça. De todo o modo, o sentido da norma não pode deixar de ser que todo o pagamento que seja devido pelo consumidor pelo serviço proporcionado pelo centro de arbitragem de consumo, independentemente da sua designação – taxa de serviço, preparos ou custos da arbitragem –, deve ser cobrada a final e não com a apresentação da reclamação ou no início do processo de mediação ou de arbitragem[296].

Significa, portanto, que quando o acesso a estes dois mecanismos de resolução de conflitos de consumo proporcionados pelo centro de arbitragem – mediação e/ou arbitragem – tem um custo para o consumidor (CIMPAS, CASA e CACCL), o mesmo, salvo na hipótese de apoio judiciário, continua a ter de proceder ao seu pagamento. Contudo, só terá de o fazer a final.

III. Quanto à taxa a pagar pela entidade profissional demandada nos conflitos de consumo de reduzido valor económico por opção do consumidor, terá esta de ser realizada sempre for devida, de acordo com o previsto no centro de arbitragem de conflitos de consumo. No seu regulamento, anexo ao mesmo ou tabela de custas.

IV. Deste modo, nos centros de arbitragem de conflitos de consumo remunerados, podemos ter um tratamento diferenciado das partes em

[295] Cf. artigo 14.º e anexo I do Regulamento do CIMPAS.

[296] Jorge Morais Carvalho/João Pedro Pinto-Ferreira, "Reflexão sobre a arbitragem ...", cit., p. 29.

litígio, independentemente do seu desfecho: de um lado, os consumidores, cujo pagamento será a final; do outro, os profissionais demandados, cujo pagamento será efetuado por ocasião da dedução da contestação ou antes da realização da audiência arbitral, consoante o disposto no regulamento do centro de arbitragem.

V. A dispensa do pagamento prévio da taxa de justiça imposta aos centros de arbitragem de conflitos de consumo, aparentemente estabelecida em benefício do consumidor, é, em nosso juízo, uma má opção: quer para o consumidor, quer para os centros de arbitragem de conflitos de consumo.

Abordando a solução na ótica do consumidor-reclamante, as eventuais vantagens da dispensa do pagamento prévio da taxa de justiça não superam as desvantagens associadas.

Quanto às vantagens para o consumidor, o único benefício que podemos ver na solução legal é o de, na eventualidade de este ter ganho de causa, não ter de "suportar" um custo adicional com o procedimento de RAL de consumo. No fundo porque, tendo ganho de causa, o consumidor limitar-se-ia a "abater/deduzir" ao ganho da causa, por assim dizer, a taxa devida ao centro de arbitragem de conflitos de consumo. Contudo, mesmo neste cenário, tal vantagem é limitada, além de estarmos a colocar no mesmo plano credores distintos (o consumidor em relação ao profissional, por um lado, e o centro de arbitragem em relação ao consumidor, por outro). Basta notar que muitas das pretensões do consumidor, ainda que procedentes, não se concretizam na condenação da entidade profissional num pagamento ao consumidor, mas em prestações de outra natureza, como a reparação ou a substituição do objeto do contrato. Adicionalmente, mesmo na hipótese de a entidade demandada ser condenada no pagamento de certa quantia ao consumidor, o cumprimento desta obrigação não está assegurado. Podemos ter um novo litígio, agora quanto ao cumprimento da sentença arbitral, apenas passível de ser executada nos tribunais estaduais.

No que concerne às desvantagens para o consumidor, a dispensa do pagamento prévio da taxa de justiça pode criar a ilusão de que o acesso à arbitragem dos centros de conflitos de consumo é gratuito, quando assim não sucede. Adicionalmente, esta solução pode incentivar um recurso menos refletido aos mecanismos de RAL de consumo. Na verdade, conforme revelam as regras da experiência, quando o esforço financeiro do pagamento de uma taxa de acesso aos mecanismos proporcionados pelas Entidades de RAL, mesmo que de valor reduzido, tem de ser realizado por ocasião do seu acesso ou antes do serviço ser prestado, o responsável pelo mesmo, nem que seja indiretamente, tende a refletir mais, comparativamente com os casos em que a "conta" a pagar é apenas no final. Tendo logo de pagar a taxa de justiça, o consumidor dificilmente pode ignorar que, além da possibilidade de não lhe ser reconhecida razão, pode ainda perder o valor (adicional) suportado com a taxa.

Por outro lado, além deste risco de litigância menos refletida ou frívola, não se alcança qual a vantagem em dispensar o consumidor do pagamento de uma taxa de justiça que, a final, será devida, e que, quanto ao seu montante, será sempre de valor reduzido, não implicando um esforço pecuniário significativo.

Por fim, porque o interesse do consumidor que eventualmente tenha de suportar o pagamento de uma taxa de justiça que seja proveniente da atuação da parte contrária, poderia sempre, em situações limite, ser acautelado nos termos do disposto no artigo 42.º/5, segunda parte, da LAV. Nos termos do mesmo, na sentença arbitral, o árbitro pode ainda decidir na sentença, se o entender justo e adequado, que uma ou algumas das partes compense a outra(s) pela totalidade ou parte dos custos e despesas razoáveis que demonstrem ter suportado por causa da sua intervenção na arbitragem.

VI. Adicionalmente, se analisarmos a solução prevista no n.º 5 do artigo 14.º da LDC na ótica do centro de arbitragem de conflitos de consumo, a solução prevista é igualmente reprovável. Na verdade, está-se a criar, sem um fundamento atendível, uma pressão aos serviços administrativos dos centros de arbitragem e tarefas desnecessárias, para as quais não se encontram vocacionados.

Se o consumidor tiver de pagar a taxa de justiça por ocasião da apresentação da reclamação ou, pelo menos, antes da realização da audiência de discussão a julgamento, os serviços administrativos dos centros de arbitragem estão, pelo menos, em condições de assegurar que o serviço que lhes foi solicitado não prossegue sem tal pagamento. Inclusivamente, a prática tem demonstrado que, nalgumas ocasiões, quando para o processo avançar para a arbitragem carece do pagamento de preparo pelo consumidor, o mesmo não avança precisamente porque o consumidor não deseja suportar qualquer pagamento com o mesmo. No fundo, apenas queria tentar a resolução do processo por eventual mediação bem-sucedida.

Se, pelo contrário, o consumidor só tiver de pagar a final a taxa de justiça pelo acesso aos procedimentos de RAL, os centros de arbitragem de conflitos de consumo passam a correr dois riscos. Por um lado, o risco de prestarem um serviço de resolução alternativa de litígio que, a final, não é pago. Por outro, o risco de passarem, adicionalmente, a ter de diligenciar pela cobrança judicial de taxas de justiça devidas por consumidores relapsos, o que se afigura provável, quer atendendo ao facto de estarmos a falar de valores reduzidos, quer, sobretudo, nos casos em que o consumidor tenha perdido o processo. Ora, não só os centros de arbitragem de conflitos de consumo não estão preparados para tais cobranças coercivas, como não têm recursos humanos para tal, já que os mesmos estão afetos a tentar dar resposta às inúmeras solicitações do dia-a-dia. Adicionalmente, tal significará a perda de uma receita própria em instituições que, atualmente, já se deparam com dificuldades de tesouraria. A longo prazo, esta perda pode perigar a sua capacidade de cumprir as suas obrigações financeiras.

VII. Impõe-se, pelos motivos expostos, em nosso entender, a eliminação do disposto no n.º 5 ao artigo 12.º da LDC.

6.
Arbitragem necessária de consumo e reconvenção

I. A hipótese de reconvenção na arbitragem necessária, não sendo uma questão totalmente nova, por já ter sido suscitada nos litígios de consumo dos serviços públicos essenciais[297], pode ser retomada, em moldes parcialmente idênticos, na arbitragem necessária de consumo[298].

Imagine-se que A., consumidor, demanda B., profissional, pedindo, com fundamento na desconformidade na venda de um carro novo, a condenação de B. a reparar o carro de A., conforme orçamento apresentado, no valor de € 4 000,00. Por sua vez, B., demandado, nega a existência de qualquer desconformidade e alega que parte do preço da venda foi pago por retoma do antigo automóvel de A., que este declarou estar em ótimas condições vindo posteriormente a verificar-se que não. Por esse motivo,

[297] Cf. Jorge Morais Carvalho/João Pedro Pinto-Ferreira/Joana Campos Carvalho, *Manual de resolução ...*, cit., pp. 199-201.

[298] Sobre algumas das controvérsias geradas nos litígios emergentes da invocação de direitos de propriedade industrial, incluindo os procedimentos cautelares, relacionados com medicamentos de referência e medicamentos genéricos, sujeitos à arbitragem necessária pelo artigo 2.º da L. n.º 62/2011, de 12 de Dezembro, posteriormente alterada pelo DL n.º 110/2018, de 10 de dezembro, que aprova o novo Código da Propriedade Industrial, cf. António de Magalhães Cardoso/Sara Nazaré, "A arbitragem necessária ...", cit., pp. 50-52. *Vide*, ainda, J. P. Remédio Marques, "A alteração da Lei n.º 62/2011 em matéria de patentes e certificados complementares de proteção no setor dos medicamentos: o fim da arbitragem necessária", in *Revista Internacional de Arbitragem e Conciliação*, V. 12, 2019 (pp. 93-131), pp. 97 e ss., e Evaristo Mendes, "O fim da arbitragem necessária em matéria de patentes farmacêuticas. Velhos e novos problemas", *in* www.revistadedireitocomercial.com, 2019 (pp. 75-120), pp. 86-93 = https://static1.squarespace.com/static/58596f8a29687fe710cf45cd/t/5c3730d8aa4a99740a71efcd/1547120858421/2019-03.pdf.

B. deduz, em pedido reconvencional, a condenação de A. no pagamento de € 2 000,00. Alega ainda que A. não procedeu ao registo da propriedade automóvel para o seu nome, motivo pelo qual B. teve de pagar € 400,00 de imposto único de circulação, que devem ser suportados por A.

Quid iuris?

No exemplo apresentado, além da questão prévia da admissibilidade, ou não, do pedido reconvencional, admitindo-se a mesma, suscita-se uma outra pergunta: da competência, ou não, do centro de arbitragem de conflito de consumo para conhecer do conflito, em arbitragem necessária, sempre que o somatório do pedido do consumidor e do(s) pedido(s) deduzido(s) pelo profissional, em reconvenção, ultrapassar € 5000,00. Isto é, o limite do valor económico dos conflitos de consumo que podem ser sujeitos à arbitragem necessária por opção do consumidor.

II. Começando pela primeira questão, está longe de ser pacífico entre a doutrina, mas também entre a jurisprudência arbitral, se há possibilidade de as demandadas deduzirem pedidos reconvencionais no âmbito da chamada *arbitragem necessária*. Se a favor da sua admissibilidade podemos chamar à colação o princípio da economia processual, procurando resolver de uma só vez todas as questões em torno do mesmo diferendo[299], evitando decisões contrárias, podemos argumentar, em sentido contrário, que a arbitragem necessária de consumo é unidirecional, no sentido consumidor-profissional. Logo, apenas o consumidor pode ser parte ativa no processo arbitral, não sendo permitida a reconvenção[300]. Por outro lado, mesmo entre os autores que admitem a aplicação do disposto no artigo 33.º/4 da LAV ao caso em apreço, consideram que, não existindo na arbi-

[299] Cf. sentença do tribunal arbitral do CNIACC, de 13 de dezembro de 2017 (Jorge Morais de Carvalho), disponível em https://www.google.pt/url?sa=t&rct=j&q=&esrc=s&source=web&cd=&ved=2ahUKEwjw1vO-85r1AhUPjRQKHSHsDAUQFnoECAsQAQ&url=https%3A%2F%2Fwww.cniacc.pt%2Fpt%2Fdocuments%2Fdownload%2F255f19691698e4ff3b67e11119a9d2fc&usg=AOvVaw2iry9rH0dU61WhJO1n59hT, e Jorge Morais Carvalho/João Pedro Pinto-Ferreira/Joana Campos Carvalho, *Manual de resolução* ..., cit., p. 198.

[300] Assim, cf. João Carlos Pires Trindade, "Arbitragem de conflitos de consumo", in *Revista Internacional de Arbitragem e Conciliação*, n.º 13, 2020 (pp. 127-146), pp. 135-136.

tragem necessária uma convenção de arbitragem, o número de casos em que a reconvenção é admitida na arbitragem de consumo é reduzido[301].

III. A nosso ver, a solução do problema terá de partir do disposto no artigo 14.º da LDC. Isto é, do diploma que institui a arbitragem potestativa. Ora, quanto ao mesmo, não se pode ignorar que, por um lado, o seu n.º 2 determina que a arbitragem necessária terá lugar nos "*centros de arbitragem de conflitos de consumo legalmente autorizados*", e, por outro, que não se proíbe expressamente o pedido reconvencional. Isto é, o artigo 14.º da LDC não consagra uma solução contrária ou limitativa daquela que resultaria do regime geral em matéria de arbitragem voluntária.

Por fim, ao determinar que a arbitragem necessária terá lugar nos "*centros de arbitragem de conflitos de consumo legalmente autorizados*", o legislador estabelece também que a *arbitragem* (necessária) será, ademais, uma *arbitragem institucionalizada*. Isto é, uma arbitragem que, em termos de procedimento, terá de observar as regras estabelecidas no centro de consumo onde tenha lugar. Deste modo, para se responder à questão colocada, temos, num segundo momento, de observar o que diz o regulamento do centro de arbitragem de consumo onde corre a arbitragem.

Percorrendo os regulamentos dos diferentes centros de arbitragem de conflitos de consumo, podemos verificar que apenas os Regulamentos do CASA e do CAUAL abordam expressamente a reconvenção, ainda que em arbitragem voluntária. O Regulamento do CASA, além de prever que o pedido reconvencional, quando existir, será notificado à parte reclamante (art. 15.º/4), estabelece que o número de testemunhas será elevado de quatro para oito no caso de a parte reclamada ter deduzido pedido reconvencional (art. 47.º/4). Prevê ainda, por último, que o valor da causa corresponderá à soma dos pedidos apresentados por ambas as

[301] Cf. Jorge Morais Carvalho/João Pedro Pinto-Ferreira/Joana Campos Carvalho, *Manual de resolução ...*, cit., p. 199, a propósito do artigo 15.º da L. n.º 23/96, apenas admitindo o pedido reconvencional nos casos em que o consumidor propõe uma ação de simples apreciação negativa, de nada dever ao profissional e que este alega a existência de dívida e peticiona a condenação do consumidor no seu pagamento. Cf. sentença do tribunal arbitral do CICAP, de 8 de novembro de 2015, Proc. n.º 1393/2015 (Paulo Duarte), disponível em https://www.cicap.pt/wp-content/uploads/2016/02/8.11.2015.pdf.

partes (art. 50.º/6). Já o Regulamento do CAUAL admite a reconvenção sempre que abrangida pela convenção de arbitragem ou por convenção de arbitragem com ela compatível, dispondo a parte contrária de 15 dias para responder (art. 18.º/1 e 2). Mais se prevê no mesmo Regulamento que a falta de resposta à reconvenção implica a admissão, por acordo, dos factos constantes daquela e que esta cominação deve ser indicada expressamente na notificação do pedido reconvencional (art. 19.º/1 e 2). Especificamente quanto à reconvenção em arbitragem necessária, não estando a mesma expressamente prevista no Regulamento do CAUAL, salvo convenção das partes ou determinação dos árbitros, caberá ao tribunal integrar a lacuna, ouvindo previamente as partes[302].

Nos centros de arbitragem cujos regulamentos são omissos em matéria de reconvenção, podemos observar que todos eles, com exceção do CACCRAM[303], contêm uma norma que determina que em tudo o que não estiver previsto nos respetivos Regulamentos se aplica a LAV. Assim sucede com o CACCL, o CACRC, o CIAB, o CICAP, o CNIACC, o TRIAVE, o CIMAAL[304] e, por fim, o CIMPAS[305]. De modo idêntico, o Regulamento

[302] Cf. artigo 38.º/4 do Regulamento do CAUAL.

[303] O Regulamento deste centro, não contendo norma genérica sobre a legislação aplicável, limita-se a remeter, em determinadas matérias, para outros diplomas: na prova, para o disposto no CPC (art. 10.º/6); na decisão arbitral e seu conteúdo, para a LAV (art. 13.º/3); no que diz respeito à execução da sentença arbitral, de novo, para o CPC (art. 14.º/2); por fim, quanto à anulação da sentença arbitral, remete, uma vez mais, para a LAV (art. 15.º/1).
Assim, na situação particular do pedido reconvencional na arbitragem necessária, o Regulamento do CACCRAM nada prevê.

[304] Cf. artigo 19.º/3, sob a epígrafe "Legislação aplicável", dos Regulamentos de cada um destes centros. Apenas há a salientar as seguintes diferenças:
- Nos Regulamentos do CACRC, do CACCL, do CIAB e do CICAP manda-se aplicar, com as devidas adaptações, a LAV, a LMd e o CPC, por esta ordem;
- No Regulamento do CNIACC, manda-se aplicar, com as devidas adaptações, a LAV e a LMd, por esta ordem; por fim,
- Nos Regulamentos do CIMAAL e do TRIAVE manda-se aplicar apenas o disposto na LAV.
De todo o modo, apesar das diferenças de redação, parece-nos que o regime estabelecido na LAV terá, em caso de incompatibilidade, prevalência sobre o regime do CPC.

[305] Cf. artigo 32.º/1 do seu Regulamento.

do CASA, apesar de aludir à reconvenção, determina, supletivamente, a aplicação da LAV[306].

Assim, na maioria dos centros de arbitragem de consumo, há que ter em consideração, por norma de remissão, com as devidas adaptações, o regime estabelecido na LAV[307]. Com as devidas adaptações, atendendo ao facto de estarmos perante uma arbitragem injuntiva, isto é, de não haver uma convenção de arbitragem.

Vejamos pois.

A reconvenção está expressamente prevista no artigo 33.º/4 da LAV, sendo admissível desde que o seu objeto seja abrangido pela convenção de arbitragem[308]. Estando perante uma aplicação da norma, por remissão, à arbitragem potestativa, a mesma terá de ser interpretada de acordo com o regime que a instituiu[309]. O que só pode significar que a reconvenção é admissível se o seu objeto estiver abrangido pelo objeto da arbitragem potestativa[310]. Por outras palavras, se o objeto do pedido reconvencional for relativo a um conflito de consumo, independente do seu valor. No exemplo acima apresentado, a resposta seria afirmativa: os pedidos, em reconvenção, emergiam da relação de consumo em litígio: a compra e venda de consumo real *quoad effetum*, em que parte do preço foi entregue em espécie, com a retoma de um veículo do consumidor que, segundo o

[306] Artigo 57.º/1 do seu Regulamento.

[307] Quanto às remissões legais e à necessidade, ou não, de fazer adaptações, cf. JOÃO PEDRO MARCHANTE, *Das lacunas da lei, no direito português,* maxime, *do disposto no art. 203.º da CRP (Os tribunais [...] apenas está sujeitos à lei.")*, policopiado, Lisboa, 2017, p. 397.

[308] Não aplicam, pois, na arbitragem as regras de conexão previstas no artigo 266.º do CPC. Cf. MARIANA FRANÇA GOUVEIA, *Curso de resolução alternativa de litígios,* 3.ª ed., Almedina, Coimbra, 2018, p. 263, ANTÓNIO MENEZES CORDEIRO, *Tratado da arbitragem*, cit., p. 322, e JORGE MORAIS CARVALHO/JOÃO PEDRO PINTO-FERREIRA/JOANA CAMPOS CARVALHO, *Manual de resolução ...*, cit., pp. 198-199.

[309] De modo semelhante, cf. ANTÓNIO DE MAGALHÃES CARDOSO/SARA NAZARÉ, "A arbitragem necessária ...", cit., pp. 49-50.

[310] Neste sentido, cf. sentença arbitral do CICAP, de 22 de maio de 2015, Proc. n.º 1687/2015 (PAULO DUARTE), disponível em https://www.cicap.pt/wp-content/uploads/2016/06/22.05.2016-eletricidade.pdf, e de 26 de agosto de 2015, Proc. n.º 921/2015 (PAULO DUARTE), https://www.cicap.pt/wp-content/uploads/2016/02/26.8.2015-3.pdf, e sentença arbitral do CNIACC, de 7 de agosto de 2020, Proc. n.º 2039/2019 (ALEXANDRE MACIEL), disponível em https://www.cniacc.pt/pt/jurisprudencia-cniacc, ainda que todas a propósito da L. n.º 23/96.

profissional, padecia de desconformidades e que implicou custos que, a partir da venda, deveriam ter sido suportados pelo consumidor-comprador. O profissional demandado poderia, portanto, deduzir reconvenção.

IV. Avançando para a segunda questão, pode suceder que o valor da reconvenção, somado ao valor da pretensão do consumidor, ultrapasse o valor económico dos conflitos de consumo que podem, por opção do consumidor, ser submetidos a mediação ou arbitragem em centros de arbitragem de conflitos de consumo legalmente autorizados.

Quid iuris?

Em abstrato, são várias as hipóteses a admitir.

Uma primeira solução é defender-se a incompetência do tribunal arbitral para apreciar o conflito. Deixando o conflito de consumo de ter reduzido valor económico, o tribunal arbitral só tem competência para o resolver havendo convenção de arbitragem das partes.

Uma segunda hipótese será a de considerar que o tribunal arbitral não tem competência para apreciar o pedido reconvencional. Nesta construção, a competência do tribunal arbitral, em arbitragem necessária, limitar-se-ia ao conflito de consumo e ao respetivo pedido reconvencional cujo valor total não ultrapassasse o limite da alçada dos tribunais de primeira instância (€ 5000,00). Ultrapassando, o processo seguiria apenas no tribunal arbitral quanto à pretensão do consumidor-reclamante, restando ao profissional-reconvinte propor uma ação em tribunal do Estado ou obter a concordância do consumidor para o tribunal arbitral conhecer, no mesmo processo, além do pedido inicial, o pedido reconvencional.

Por fim, a terceira solução traduz-se em preconizar a competência do tribunal arbitral, em arbitragem potestativa, para apreciar o pedido inicial e o pedido reconvencional mesmo quando o somatório do valor dos dois pedidos ultrapassar o limite da alçada dos tribunais de primeira instância. Esta solução só não será permitida quando a soma do valor do pedido inicial e do pedido reconvencional ultrapassar a competência em razão do valor do centro de arbitragem do consumo: no CACCL e no CACRC € 5000,00[311]; no CACCRAM, no CIAB, no CICAP, no CIMAAL,

[311] Cf. artigo 6.º dos respetivos Regulamentos.

no CNIACC e no TRIAVE, € 30 000,00[312]. Nestas duas situações, o tribunal arbitral apenas teria competência para conhecer da pretensão do reclamante, à semelhança da segunda hipótese.

V. Apreciando e tomando posição.

Defender, sem mais, a incompetência do tribunal arbitral para apreciar o conflito de consumo não é aceitável, por deixar nas mãos do profissional a resolução do conflito de consumo por arbitragem, contrariando a letra do artigo 14.º/2 da LDC. Com efeito, sempre que quisesse evitar a arbitragem necessária, bastaria ao profissional deduzir pedido reconvencional, subindo o valor do litígio acima de € 5000,00. Ao consumidor restaria recorrer aos tribunais estaduais ou, eventualmente, desistir da sua pretensão.

Quanto à segunda posição, se sustentar a incompetência do tribunal arbitral para conhecer do pedido reconvencional nos parece uma orientação que não está afastada pela letra do artigo 14.º/2 da LDC, a verdade é que tal solução, além de contrária ao princípio da economia processual, afastando a resolução, de uma só vez, de todas as questões em torno do mesmo diferendo, não previne decisões contrárias e, no limite, pode até ser prejudicial para o consumidor. Com efeito, se o pedido reconvencional for apreciado pelo tribunal arbitral, o consumidor não terá custos por isso ou, tendo-os, serão os mesmos acessíveis. Pelo contrário, se o pedido reconvencional não poder ser apreciado no tribunal arbitral, o consumidor fica sujeito a uma eventual ação judicial estadual intentada pelo profissional, tendo o ónus de a contestar e os respetivos custos.

Assim, parece-nos que a solução correta será a da competência do tribunal arbitral, em arbitragem, por opção do consumidor, para apreciar o pedido inicial, mas também o pedido reconvencional, mesmo quando o somatório do valor dos dois pedidos ultrapassar o limite da alçada dos tribunais de primeira instância[313]. Essencialmente, porque o valor do con-

[312] Considerando que nestes centros o limite tem por referência a alçada dos tribunais da Relação, a hipótese de tal valor ser ultrapassado é, em termos práticos, muito improvável de acontecer.

[313] Cf. sentença arbitral do CASA, de 17 de novembro de 2020, Proc. n.º 2969/CASA/2019 (Joana Campos Carvalho).

flito de consumo, unicamente para efeitos do disposto no artigo 14.º/2 e 3 da LDC e da tutela que esta norma pretende conferir ao consumidor, deve apenas ser aferido em função da pretensão do consumidor. Isto é, unidireccionalmente, no sentido consumidor-profissional, sob pena de se atentar à sua *ratio*: deixar tal decisão exclusivamente nas mãos do consumidor. Apenas se a soma dos pedidos ultrapassar a competência do tribunal arbitral de consumo, em razão do valor, conforme previsto no seu regulamento, não terá o mesmo competência para conhecer do pedido reconvencional.

7.
Síntese

I. No presente texto, procurou-se contribuir para o estudo de um conjunto de questões jurídicas práticas suscitadas pelo direito do consumidor à proteção jurídica e a uma justiça acessível e pronta. A relativa novidade do regime atual e a continuação da sua aplicação trará à liça, com certeza, novas discussões doutrinárias e jurisprudenciais, mas também, porventura, o repensar de soluções apresentadas.

II. Por ora, podemos observar, em síntese, que o direito à proteção jurídica previsto no artigo 14.º da Lei de Defesa do Consumidor:

a) Não contende com o regime previsto na Diretiva RAL;

b) Não tem paralelo noutros ordenamentos jurídicos europeus, nem no Direito lusófono, sendo uma solução original;

c) Tem por objeto os conflitos jurídicos de consumo. Pressupõe, em primeiro lugar, um conflito jurídico ou um litígio cujo objeto seja uma relação de consumo;

d) Circunscreve-se apenas ao conflito jurídico de consumo de reduzido valor económico. Isto é, cujo valor não excede a alçada dos tribunais de 1.ª instância (€ 5000,00). Perante um conflito de valor superior, em que o operador profissional não aceite o recurso à arbitragem, o consumidor ou recorre aos tribunais estaduais ou reduz o valor da pretensão inicial até ao limite permitido para acionar unilateralmente a arbitragem. Este limite, conjugado com as normas dos regulamentos dos centros de arbitragem de conflitos de consumo, conduz à retirada da apreciação destes litígios nos tribunais estaduais: quer na prolação da sentença, quer por via de recurso. Apesar disso, estando assegurado um processo equitativo e sendo a solução legal, em via de recurso, semelhante à que vigora para as sentenças dos tribunais estatuais de 1.ª instância, o regime é constitucional.

e) É conferido unicamente ao consumidor, tendo de ser expressamente manifestado, sujeito à liberdade de forma, e só é permitido por via da ação. Deste modo, o operador profissional não pode, por sua única opção, sujeitar a resolução do conflito de consumo, independentemente do seu valor, à arbitragem/mediação. Esta diferença de tratamento é constitucional. O profissional tem à sua disposição a injunção, mecanismo sucedâneo de resolução dos litígios de consumo em que seja credor pecuniário. Residualmente, nos conflitos de consumo em que o crédito do operador económico profissional não resultar do incumprimento de obrigações pecuniárias do consumidor, as razões que levaram à proteção jurídica estabelecida para o consumidor podem levar, de *iure constituendo*, a equacionar alterar o regime legal;

f) Concretiza-se no poder potestativo de o consumidor submeter a resolução do conflito de consumo apenas à mediação, apenas à arbitragem ou ainda à mediação seguida da arbitragem necessária, em caso de insucesso da primeira. A consagração, nos conflitos de consumo de reduzido valor económico, da mediação por opção unilateral expressa do consumidor dificilmente conduzirá a um resultado positivo, em termos de eficácia, sendo a recusa do profissional em participar na mesma inconsequente para este;

g) Tendo lugar através da arbitragem, será institucionalizada, seguindo, do ponto de vista procedimental, as regras do centro de arbitragem de conflitos de consumo onde seja proposta a reclamação. Assim, há que tomar em consideração o respetivo regulamento do centro de arbitragem, apesar de as partes ainda disporem de alguma autonomia. Na hipótese de as partes em litígio terem celebrado uma cláusula compromissória relativa a conflito de consumo de reduzido valor económico, o consumidor pode ter à sua disposição diferentes mecanismos arbitrais de reação. Adicionalmente, a celebração de uma convenção de arbitragem, pode ainda, residualmente, ter importância na arbitragem unilateral potestativa, quanto a matérias que, nos termos dos regulamentos dos centros, estejam na autonomia das partes fixar;

h) Pressupõe a informação do consumidor pelo centro de arbitragem ao qual aquele recorra de que pode fazer-se representar por advogado ou solicitador, sendo que, caso não tenha meios económicos para tal, pode solicitar apoio judiciário, informações destinadas a reforçar um acesso eficaz aos mecanismos de RAL de consumo;

i) Nos casos pontuais em que o acesso do consumidor à mesma pressupõe o pagamento de uma taxa, o seu pagamento será apurado a final. Apenas a entidade profissional demandada terá de pagar a taxa devida de acordo com o previsto pelo centro de arbitragem de conflitos de consumo. A dispensa do pagamento prévio da taxa de justiça pelo consumidor pode criar a ilusão de que o acesso à arbitragem dos centros de conflitos de consumo é gratuito e incentivar um recurso menos refletido aos mecanismos de RAL de consumo. Ademais, coloca os centros de arbitragem de conflitos de consumo na contingência de prestar um serviço de resolução alternativa de litígios que, a final, não é pago, tendo ainda de diligenciar pela cobrança judicial valores devidos por consumidores relapsos;

j) Não regula expressamente, mas também não proíbe, o pedido reconvencional. Sendo, a arbitragem institucionalizada, há que analisar os regulamentos dos diferentes centros de arbitragem de consumo, sendo de concluir que o pedido reconvencional é admitido sempre que o seu objeto estiver abrangido pelo objeto da arbitragem potestativa por iniciativa do consumidor. Neste caso, o valor do conflito de consumo, para efeitos do disposto no artigo 14.º/2 e 3 da LDC, deve apenas ser aferido em função da pretensão do consumidor. Na eventualidade de a soma dos pedidos ultrapassar a competência do tribunal arbitral de consumo, em razão do valor, este não será competente para conhecer do pedido reconvencional.

JURISPRUDÊNCIA

BRASIL

Superior Tribunal de Justiça

- Recurso Especial 1189050 - SP 2010/0062200-4, de 14 de março de 2006 (Luís Filipe Salomão), disponível em https://stj.jusbrasil.com.br/jurisprudencia/861898209/recurso-especial-resp-1189050-sp-2010-0062200-4/inteiro-teor-861898364;
- Recurso Especial n.º 1.169.841 - RJ (2009/02398-0), de 6 de dezembro de 2012 (Nancy Andrighi), disponível em https://stj.jusbrasil.com.br/jurisprudencia/22665110/recurso-especial-resp-1169841-rj-2009-0239399-0-stj/inteiro-teor-22665111;
- Recurso Especial 819.519/PE - PE (2006/0030668-2), de 9 de outubro de 2007 (Humberto Gomes de Barros), disponível em https://jurisprudencia.s3.amazonaws.com/STJ/IT/RESP_819519_PE_1306923423487.pdf?AWSAccessKeyId=AKIARMMD5JEAO67SMCVA&Expires=1658499965&Signature=Qsbpi7P%2Brn9jW6qFvxdWxNxYcnA%3D.

ESPANHA

Tribunal Constitucional

- Sentença 54/2018, de 24 de maio, *in* BOE-A-2018-8573, disponível em https://www.boe.es/buscar/doc.php?id=BOE-A-2018-8573;
- Sentença 352/2006, de 14 de dezembro, *in* BOE-T-2007-880, disponível em https://www.boe.es/boe/dias/2007/01/16/pdfs/T00068-00072.pdf.

PORTUGAL

Tribunal Constitucional

– Acórdão n.º 781/13, de 20 de novembro (José da Cunha Barbosa; Vencidas: Maria João Antunes e Maria de Fátima Mata-Mouros), disponível em http://www.tribunalconstitucional.pt/tc/acordaos/20130781.html;

– Acórdão n.º 230/13, de 24 de abril (Carlos Fernandes Cadilha; Declaração de voto: Pedro Machete; Vencida: Maria João Antunes), disponível em http://www.tribunalconstitucional.pt/tc/acordaos/20130233.html;

– Acórdão n.º 262/98, de 5 de março (Alves Correia; Declaração de voto: Bravo Serra e Luís Nunes de Almeida), disponível em http://www.tribunalconstitucional.pt/tc/acordaos/19980262.html;

– Acórdão n.º 757/95, de 20 de dezembro (Guilherme da Fonseca; Declaração de voto: Bravo Serra), disponível em http://www.tribunalconstitucional.pt/tc/acordaos/19950757.html;

– Acórdão n.º 52/92, de 5 de fevereiro (Assunção Esteves; Declaração de voto: Bravo Serra e Vítor Nunes de Almeida), disponível em www.tribunalconstitucional.pt/tc/acordaos/19920052.html.

Supremo Tribunal de Justiça

– Acórdão de 13 de julho de 2017, Proc. n.º 1594/14.9TJVF.2.G1.SE (Pinto de Almeida), disponível em www.dgsi.pt;

– Acórdão de 26 de novembro de 2015, Proc. n.º 538/13.0YRLSB.S1 (Fernanda Isabel Pereira), disponível em www.dgsi.pt.

Julgados de Paz

– Sentença do Julgado de Paz da Trofa, de 29 de abril de 2010, Proc. n.º 14/2010-JP (Iria Pinto), disponível em www.dgsi.pt;

– Sentença do Julgado de Paz de Tarouca, de 31 de outubro de 2008, Proc. n.º 96/2008-JP (Daniela Santos Costa), disponível em www.dgsi.pt.

Tribunal Arbitral

– Sentença arbitral do CASA, de 17 de novembro de 2020, Proc. n.º 2969/CASA/2019 (Joana Campos Carvalho), não publicado;

– Sentença arbitral do CNIAC, de 7 de agosto de 2020, Proc. n.º 2039/2019 (Alexandre Maciel), disponível em https://www.cniacc.pt/pt/jurisprudencia-cniacc;

– Sentença arbitral do CNIACC, de 13 de dezembro de 2017 (Jorge Morais de Carvalho), disponível em https://www.google.pt/url?sa=t&rct=j&q=&esrc=s&source=web&cd=&ved=2ahUKEwjw1vO-85r1AhUPjRQKHSHsDAUQFnoECAsQAQ&url=https%3A%2F%2Fwww.cniacc.pt%2Fpt%2Fdocuments%2Fdownload%2F255f19691698e4ff3b67e11119a9d2fc&usg=AOvVaw2iry9rH0dU61WhJO1n59hT;

– Sentença arbitral do CICAP, de 8 de novembro de 2015, Proc. n.º 1393/2015 (Paulo Duarte), disponível em https://www.cicap.pt/wp-content/uploads/2016/02/8.11.2015.pdf;

– Sentença arbitral do CICAP, de 26 de agosto de 2015, Proc. n.º 921/2015 (Paulo Duarte), disponível em https://www.cicap.pt/wp-content/uploads/2016/02/26.8.2015-3.pdf;

– Sentença arbitral do CICAP, de 22 de maio de 2015, Proc. n.º 1687/2015 (Paulo Duarte), disponível em https://www.cicap.pt/wp-content/uploads/2016/06/22.05.2016-eletricidade.pdf.

BIBLIOGRAFIA

ALBUQUERQUE, Paulo Pinto de/FARIA, Rita Lynce de – "Anotação artigo 209.º", in *Constituição Portuguesa Anotada*, Vol. III (coord. José Miranda/Rui Medeiros), 2.ª ed., Universidade Católica Editora, Lisboa, 2020, pp. 93-116.

AHNIS, Erik – "Comentários § 111a", in *Theobald/Külhing Energierecht Kommentar*, Band 1, 116.ª ed., Beck, Munique, 2022;

— "Comentários § 111b", in *Theobald/Külhing Energierecht Kommentar*, Band 1, 116.ª ed., Beck, Munique, 2022.

ALDERETE, Larissa/COSTA, Nilton César Antunes da – "Arbitragem nas relações de consumo como via de acesso à justiça", in *Revista Direito UFMS*, Vol. 1, n.º 1, 2015, pp. 189-212.

ALMEIDA, Carlos Ferreira de – *Direito do consumo*, Almedina, Coimbra, 2005.

ALPA, Guido – "Le clausole arbitrali nei contratti del consumatore", in *Rivista Arbitrato*, 4, 2006, pp. 619-626.

ANDRIGHI, Fátima Nancy – "Arbitragem nas relações de consumo: uma proposta concreta", in *Revista de Arbitragem e Mediação*, Vol. 9, 2006, pp. 13-21.

ASCENSÃO, José Oliveira – *Direito civil – Teoria geral*, Vol. III, "Relações e situações jurídicas", Coimbra Editora, Coimbra, 2002.

ATAÍDE, Rui Paulo Coutinho de Mascarenhas/CRAVEIRO, Inês Sítima – "Arbitragem institucionalizada de litígios de Direito do Consumo: apontamentos ao âmbito de aplicação da Lei n.º 144/2015, de 8 de Setembro (Mecanismos de Resolução Extrajudicial de Litígios de Consumo)", in *Revista Internacional de Arbitragem e Conciliação*, V. 13, 2020, pp. 37-86.

BARALDI, Eliana – "Arbitragem nas relações de consumo", in *Revista de Arbitragem e Mediação*, Vol. 20, 2009, pp. 253-288.

BOLLWEG, Hans-Goerg – "Schlichtung im Luftverkehr", in *NZV*, 2015, pp. 361-366.

Borowski, Sascha – "Comentários § 15", in *Borowski, Röthmeyer und Steike VSBG Kommentar*, 2.ª ed., Nomos, Baden-Baden, 2021.

Bugiolacchi, Leonardo – "*La mediazione obbligatoria nelle controversie civili e commerciali dopo la conversione in legge del «decreto letta»*", in *Responsabilità Civile e Previdenza*, n.º 1, 2014, pp. 349-359.

Campos, João Pedro – "A tutela dos consumidores no ordenamento jurídico de Timor-Leste. Aspetos Gerais", in *e-BLJ*, a. 1, n.º 1, 2018, pp. 65-89.

Canotilho, J. J. Gomes/Vital Moreira – *Constituição da República Portuguesa anotada*, Vol. II, 4.ª ed., Coimbra Editora, Coimbra, 2014.

Capelo, Maria José – "A Lei de Arbitragem Voluntária e os Centros de Arbitragem de Conflitos de Consumo", in *Estudos de Direito do Consumidor*, n.º 1, 1999, pp. 101-116.

Cardoso, António de Magalhães/Nazaré, Sara – "A arbitragem necessária – natureza e regime: breves contributos para o desbravar de uma (também ela) necessária discussão", in *Estudos de Direito da Arbitragem em Homenagem a Mário Raposo* (org. Agostinho Pereira de Miranda *et al.*), UCP, Lisboa, 2015, pp. 33-55.

Carvalho, Ana Celeste – "Arbitragem (necessária) desportiva e justiça administrativa", in *Revista Internacional de Arbitragem e Conciliação*, V. 15, 2021, pp. 31-84.

Carvalho, Joana Campos/Carvalho, Jorge Morais – "Especificidades da arbitragem e da mediação de consumo", in *Estudos de Direito do Consumidor*, n.º 11, 2016, pp. 73-114.

Carvalho, Jorge Morais – *Compra e venda e fornecimento de conteúdos e serviços digitais – Anotação ao Decreto-Lei n.º 84/2021, de 18 de Outubro*, Almedina, Coimbra, 2022;

— *Manual de direito do consumo*, 7.ª ed., Almedina, Coimbra, 2020;

— "A consagração legal da mediação em Portugal", in *Julgar*, n.º 15, 2011, pp. 271-290 = http://julgar.pt/a-consagracao-legal-da-mediacao-em-portugal/;

— *Vide* Carvalho, Joana Campos/ Carvalho, Jorge Morais;

— *Vide* Carvalho, Jorge Morais/Pinto-Ferreira, João Pedro;

— *Vide* Carvalho, Jorge Morais/Pinto-Ferreira, João Pedro/Carvalho, Joana Campos.

Carvalho, Jorge Morais/Pinto-Ferreira, João Pedro – "Reflexão sobre a Arbitragem e a Mediação de Consumo na Lei de Defesa do Consumidor – A Lei n.º 63/2019, de 16 de Agosto", in *Revista Internacional de Arbitragem e Conciliação*, V. 13, 2020, pp. 9-35 = https://jorgemoraiscarvalho.com/wp-

-content/uploads/2020/10/2020-Reflexao-sobre-a-Arbitragem-e-a-Mediacao-de-Consumo-na-Lei-de-Defesa-do-Consumidor.pdf.

CARVALHO, Jorge Morais/PINTO-FERREIRA, João Pedro/CARVALHO, Joana Campos – *Manual de resolução alternativa de litígios de consumo*, Almedina, Coimbra, 2017.

CASTRO, Anselmo de – *Direito processual civil declaratório*, vol. I, Almedina, Coimbra, 1982.

CEBOLA, Cátia Marques – "Mediação voluntária ou obrigatória: eis a questão!", in *Newsletter Mediare*, 3, 2017 (pp. 2-4) = http://hdl.handle.net/10400.8/3347;

— "A mediação nos conflitos de consumo em Portugal", in *Revista Luso-Brasileira de Direito do Consumo*, 15, 2014, pp. 155-166;

— "Mediação e arbitragem de conflitos de consumo: panorama português", in *Revista Portuguesa de Direito do Consumo*, n.º 70, 2012, pp. 13-49.

CORDEIRO, António Menezes – "A arbitragem de consumo", in *Estudos de Direito do Consumidor*, n.º 11, 2016, pp. 67-71;

— *Tratado da arbitragem*, Almedina, Coimbra, 2015;

— *Tratado de direito civil*, I, "Introdução – Fontes do direito – Interpretação da lei – Aplicação das leis no tempo – Doutrina geral", 4.ª ed., Almedina, Coimbra, 2012;

— *Da modernização do Direito Civil I Volume (Aspectos Gerais)*, Almedina, Coimbra, 2004.

CORTÉS, Pablo – *Vide* PILIA, Carlo/CORTÉS, Pablo/VARGIU, Paolo.

COSTA, Nilton César Antunes da – *Vide* ALDERETE, Larissa/COSTA, Nilton César Antunes da.

CRAVEIRO, Inês Sítima – *Vide* ATAÍDE, Rui Paulo Coutinho de Mascarenhas/CRAVEIRO, Inês Sítima

DESIATO, Olga – "Le politiche dell'Unione Europea in favore della «degiurisdizionalizzazione» e i più recenti interventi del legislatore italiano in tema di ADR per i consumatori", in *Responsabilitá Civile e Previdenza*, Vol. 81, n.º 5, 2016, pp. 1793-1808.

DUARTE, Paulo – "A chamada "arbitragem necessária" de "litígios de consumo" no domínio dos serviços públicos essenciais: âmbito, natureza e aspectos processuais", in *Estudos de Direito do Consumo: homenagem a Manuel Cabeçadas Ataíde Ferreira* (coord. Carlos Ferreira de Almeida *et al.*), Deco, 2016, pp. 452-469.

ESTANCONA PÉREZ, Alicia Araya – "Los nuevos retos de los mecanismos de resolución alternativa de conflictos en consumo: una visión comparada entre España y Portugal", in *Themis. Revista da Faculdade de Direito da UNL*, a. 19, n.º 34, 2018, pp. 43-84;

— *Transporte terrestre de pasajero*, Tirant lo Blanch, Valencia, 2018.

Esteban De La Rosa, Fernando – "The implementation of the consumer ADR Directive in Spain", in *The new regulatory framework for consumer dispute resolution* (org. Pablo Cortés), Oxford University Press, Croydon, 2016, pp. 275-296.

Fabiani, Ernesto/Leo, Mauro – "Prime riflessioni sulla «mediazione finalizzata alla conciliazione delle controversie civili e commerciali» di cui al D.Lgs N. 28/2010", in *Rivista del Notariato*, vol. 64, fasc. 4, 2010, pp. 893-940.

Falcão, David – *Lições de direito do consumo*, 2.ª ed., Almedina, Coimbra, 2020.

Faria, Rita Lynce de – *Vide* Albuquerque, Paulo Pinto de/Faria, Rita Lynce de.

Filho, João Glicério de Oliveira/Teixeira, Rafael Carneiro D'Ávila – "Limites e possibilidades da arbitragem nas relações de consumo", in *Revista de Direito Civil Contemporâneo*, Vol. 16, 2018, pp. 159-179.

Fonseca, Elena Zucconi Galli – "Tutela arbitrale e técnica del proceso: la clausola compromissoria nei contratti di consumo", in *Rivista Trimestrale di Diritto e Procedura Civile*, n.º 2, 2014, pp. 997-1030.

Fonseca, Tiago Soares da – "Entidades de Resolução Alternativa de Litígios de Consumo (Por um acesso à mediação, conciliação e arbitragem de consumo com custos para as partes)", in *Revista Internacional de Arbitragem e Conciliação*, V. 17, 2022, pp. 187-248;

— *A transação civil na litigância judicial e extrajudicial*, reimp. 1.ª ed., Gestlegal, Coimbra, 2022.

Fornasier, Matteo –"Comentários § 310", in *Münchener Kommentar zum BGB*, Band 2, 9.ª ed., Beck, Munique, 2022.

Frota, Mário – "La participación obligatoria en procesos ante entidades de resolución alternativa de litigios de consumo: el caso de los servicios esenciales en el derecho portugués", in *Revista Portuguesa de Direito do Consumo*, n.º 90, 2017, pp. 13-37;

— "Arbitragem necessária institucional", in *Revista Portuguesa de Direito do Consumo*, n.º 39, 2004, pp. 116-122.

Froufe, Pedro Madeira – "A noção de consumidor a crédito, à luz do ordenamento comunitário e português (Algumas notas críticas)", in *Scientia iuridica*, t. 48, n.º 280-282, 1999, pp. 427-441.

GARCIA, Leonardo – *Código de Defesa do Consumidor Comentado artigo por artigo*, Editora JusPodivm, 17.ª ed., Bahia, 2022.

GASCIMARTÍN MONTERO, Regina – "Las funciones de las Juntas Arbitrales del Transporte", in *Revista de Derecho Procesal*, n.º 1, 1998, pp. 89-109.

GOUVEIA, Mariana França – *Curso de resolução alternativa de litígios*, 3.ª ed., Almedina, Coimbra, 2018;

— "Mediação e processo civil", in *Cadernos de Direito Privado*, número especial 1, 2010, pp. 22-44.

GUINCHARD, Emmanuel – "The implementation of the consumer ADR Directive in France", in *The new regulatory framework for consumer dispute resolution* (org. Pablo Cortés), Oxford University Press, Croydon, 2016, pp. 149-168.

HIRSCH, Günter – "Außergerichtliche Beilegung von Verbraucherstreitigkeiten – ein alternativer Zugang zum Recht entsteht", in *NJW*, 2013, pp. 2088-2094.

KEẞLER, Jürgen – "Comentários § 111b", in *Säcker, Berliner Kommentar zum Energierecht*, Band 1, 4.ª ed., Beck, Munique, 2019.

LAFUENTE TORRALBA, Alberto José – "A vueltas con el ámbito y límites del arbitraje de consumo: reflexiones a la luz del real decreto 231/2008, de 15 de febrero", in https://ruc.udc.es/dspace/bitstream/handle/2183/9196/comunicacions_14_Lafuente_Torralba_493-516.pdf?sequence=1&isAllowed=y, pp. 493-516.

LAURENTINO, Sandrina – "Os destinatários da legislação do consumidor", *in Estudos de Direito do Consumidor*, n.º 2, Centro de Direito do Consumo, Coimbra, 2000, pp. 415-434.

LEITÃO, Luís Menezes – *Direito das obrigações*, Vol. III, 14.ª ed., 2022, Almedina, Coimbra;

— "*Caveat venditor?* A Directiva 1999/44/CE do Conselho e do Parlamento Europeu sobre a venda de bens de consumo e garantias associadas e suas implicações no regime jurídico da compra e venda", in *Estudos em Homenagem ao Prof. Doutor Inocêncio Galvão Telles*, Vol. I (org. António Menezes Cordeiro, Luís Menezes Leitão e Januário da Costa Gomes), Almedina, Coimbra, 2002 pp. 263-303.

LEO, Mauro – *Vide* FABIANI, Ernesto/LEO, Mauro.

LOPES, Dulce/PATRÃO, Afonso – *Lei da Mediação comentada*, 2.ª ed., Almedina, Coimbra, 2016.

MAGLIULO, Marta – "Anotação artigo 141", in *Codice de Consumo,* dir. Vicenzo Cuffaro (coord. Angelo Barba e Andra Barenghi), 5.ª ed., Giufrrè, Milão, 2019, pp. 1082-1094.

MANCALEONI, Anna Maria – "La risoluzione extragiudiziale delle controversie dei consumatori dopo la Direttiva 2013/11/UE", in *Europa e Diritto Privato,* 3, 2017, pp. 1065-1110.

MARCHANTE, João Pedro – *Das lacunas da lei, no direito português,* maxime, *do disposto no art. 203.º da CRP (Os tribunais [...] apenas está sujeitos à lei."),* policopiado, Lisboa, 2017.

MARCOS FRANCISCO, Diana – "El arbitraje de consumo como medio extrajudicial de resolución de conflictos en la normativa española", in *Revista de Derecho Universidad Católica Norte,* a. 18, n.º 1, 2011, pp. 241-266.

MARQUES, J. P. Remédio – "A alteração da Lei n.º 62/2011 em matéria de patentes e certificados complementares de proteção no setor dos medicamentos: o fim da arbitragem necessária", in *Revista Internacional de Arbitragem e Conciliação,* V. 12, 2019, pp. 93-131;

— *Acção declarativa à luz do Código revisto,* 3.ª ed., Coimbra Editora, Coimbra, 2011.

MENDES, Evaristo – "O fim da arbitragem necessária em matéria de patentes farmacêuticas. Velhos e novos problemas", *in* www.revistadedireitocomercial.com, 2019, pp. 75-120 = https://static1.squarespace.com/static/58596f8a29687fe710cf45cd/t/5c3730d8aa4a99740a71efcd/1547120858421/2019-03.pdf.

MEDEIROS, Rui – "Arbitragem necessária e Constituição", in *Estudos em Memória do Conselheiro Artur Maurício* (org. Maria João Antunes), Coimbra Editora, Coimbra, 2014, pp. 1301-1330.

MENDES, João de Castro – *Teoria geral do direito civil,* Vol. I, Lições 1978-1979, AFFDL, Lisboa, 1995;

— "O direito de acção judicial – Estudo de processo civil", in *RFDUL* suplemento Dissertações de alunos IV, reimp., Lisboa, 1959.

MENDES, Sofia Ribeiro – "A arbitragem necessária de consumo – uma tensão recorrente do legislador nacional", in *Revista Internacional de Arbitragem e Conciliação,* V. 12, 2019, pp. 247-249.

MIQUEL, Rosa – "The implementation of the consumer ADR Directive in Germany", in *The new regulatory framework for consumer dispute resolution* (org. Pablo Cortés), Oxford University Press, Croydon, 2016, pp. 169-189.

MIRANTE, Daniela – *Vide* MONTEIRO, António Pedro Pinto/SILVA, Artur Flamínio da/MIRANTE, Daniela;

— *Vide* Silva, Artur Flamínio da/Mirante, Daniela.

Monteiro, António Pedro Pinto/Silva, Artur Flamínio da/Mirante, Daniela – *Manual de arbitragem*, Almedina, Coimbra, 2019.

Muñoz-Cobo, Manuel Ignacio Herrero de Egaña – "Spain's juntas arbitrales de transporte: a special dispute adjudication regime for small claims in land transport", in *Uniform Law Review*, V. 21, n.º 4, 2016, pp. 591-598.

Nazaré, Sara – *Vide* Cardoso, António de Magalhães/Nazaré, Sara.

Nordholtz, Christian/Weber, Eduard – "Hinweispflichten von Unternehmern auf Websites und in AGB nach dem Verbraucherstreitbeilegungsgesetz", in *NJW*, 2018, pp. 3057-3060.

Oliveira, Fernando Baptista de – *O conceito de consumidor: perspectivas nacional e comunitária*, Almedina, Coimbra, 2009.

Oliveira, Isabel – "A arbitragem de consumo", in *Estudos de Direito do Consumidor*, n.º 2, Coimbra, 2000, pp. 371-413.

Patrão, Afonso – *Vide* Lopes, Dulce/Patrão, Afonso.

Perago, Carmela – "Spunti di riflessione sulla compatibilità costituzionale della mediazione obbligatoria", in *Responsabilitá Civile e Previdenza*, n.º 9, 2011, pp. 1877-1892.

Pereira, José Alves – "Mediação voluntária, sugerida ou obrigatória?", in *Resolução alternativa de litígios. Colectânea de textos publicados na Newsletter DGAE*, Ministério da Justiça, Lisboa, 2006, pp. 152-154.

Pilia, Carlo/Cortés, Pablo/Vargiu, Paolo – "The implementation of the consumer ADR Directive in Italy", in *The new regulatory framework for consumer dispute resolution* (org. Pablo Cortés), Oxford University Press, Croydon, 2016, pp. 209-227.

Pinna, Andrea – Refléxions sur l'arbitrage forcé", in *Gazette du Palais*, n.º 351, 2008, pp. 6-12 = *Les Chahiers de L'Arbitrage*, Volume V, 2010, A. Pedone, Paris, pp. 144-155.

Pinto-Ferreira, João Pedro – *Vide* Carvalho, Jorge Morais/Pinto-Ferreira, João Pedro;

— *Vide* Carvalho, Jorge Morais/Pinto-Ferreira, João Pedro/Carvalho, Joana Campos.

Raluca Stroie, Iuliana – "Análisis de la Ley 7/2017, de 2 de noviembre, por la que se incorpora al ordenamiento jurídico español la Directiva 2013/11/UE, relativa a la resolución alternativa de litigios en materia de consumo", in http://www.centrodeestudiosdeconsumo.com/images/Ley_7_2017_por_la_que_se_traspone_la_Directiva_2013_11_UE_ADR.pdf (17 pp.)

Ribeiro, Gustavo Pereira Leite – *Arbitragem nas relações de consumo*, Editora Afiliada, Juruá, 2006.

Rivier, Marie-Claire – *L'arbitrage et le contrat de consommation: Le point sur l'etat du droit*, in https://www.memoireonline.com/10/06/218/arbitrage-contrat-consommation-etat-du-droit.html (41 pp.)

Rott, Peter – "Consumer ADR in Germany", in *EuCML*, 2018, pp. 121-215.

Serra, Adriano Paes da Silva Vaz – "Obrigações – Ideias preliminares gerais", in *BMJ*, n.º 77, 1958, pp. 5-123.

Serra, Cláudio – "A arbitragem necessária e o acesso à justiça", in *Revista Portuguesa de Direito do Consumo*, n.º 83, 2015, pp. 61-69.

Sigl, Uta – "Comentários Luftfahrt (Nr. 500)", in *Münchener Kommentar zum VVG*, Band 3, 2.ª ed., Beck, Munique, 2017.

Silva, Artur Flamínio da – *A resolução de conflitos desportivos em Portugal: entre o direito público e o direito privado*, Coimbra, Almedina, 2017;

— "A arbitragem desportiva em Portugal: uma realidade sem futuro? – Anotação ao Acórdão n.º 230/2013 do Tribunal Constitucional", in *Desporto & Direito. Revista Jurídica do Desporto*, a. X, n.º 28, 2012, pp. 61-85.

— *Vide* Monteiro, António Pedro Pinto/Silva, Artur Flamínio da/Mirante, Daniela.

— *Vide* Silva, Artur Flamínio da/Mirante, Daniela.

Silva, Artur Flamínio da/Mirante, Daniela – "Da constitucionalidade da arbitragem necessária: o caso da arbitragem no Direito do Consumo", in *Revista Internacional de Arbitragem e Conciliação*, V. 13, 2020, pp. 89-104.

Silva, Paula Costa e – *A nova face da justiça – Os meios extrajudiciais de resolução de controvérsias*, Coimbra Editora, Coimbra, 2009.

Spina, Giulio – *Mediazione obbligatoria, in* https://www.altalex.com/documents/altalexpedia/2016/11/16/mediazione-civile (32 pp.).

Sousa, Pedro Pires de – "A unidireccionalidade da arbitragem de conflitos de consumo. Os agentes económicos podem reclamar dos consumidores?", in *O Consumidor*, n.º 81, Fevereiro de 1999, pp. 44-48.

STEIKE, Jörn – "Comentários § 5", in *Borowski, Röthmeyer und Steike VSBG Kommentar*, 2.ª ed., Nomos, Baden-Baden, 2021;

— "Comentários § 36", in *Borowski, Röthmeyer und Steike VSBG Kommentar*, 2.ª ed., Nomos, Baden-Baden, 2021;

— "Comentários § 37", in *Borowski, Röthmeyer und Steike VSBG Kommentar*, 2.ª ed., Nomos, Baden-Baden, 2021.

STOFFELS, Markus – "Comentários § 309 Nr 14", in *Staudinger Kommentar zum BGB*, Buch 2, 18.ª ed., Schwitzer Verlag KG Walter de Gruyter & Co., Berlim, 2019;

— "Comentários § 310", in *Staudinger Kommentar zum BGB*, Buch 2, 18.ª ed., Schwitzer Verlag KG Walter de Gruyter & Co., Berlim, 2019.

STÜRNER, Michael – "ADR and Adjudication by State Courts: Competitors or Complements?", in *The role of consumer ADR in the administration of justice – New trends in access to justice under EU Directive 2013/11* (org. Michael Stüner, Fernando Gascón Inchausti e Remo Caponi), SELP, Munique, 2015, pp. 11-29.

TEIXEIRA, Micael Martins – "A prova no Direito do consumo: uma abordagem tópica", in *I Congresso de Direito do Consumo* (coord. Jorge Morais Carvalho), Almedina, Coimbra, pp. 139-158 = in *Estudos de Direito do consumo: Homenagem a Manuel Cabeçadas Ataíde Ferreira* (coord. Carlos Ferreira de Almeida et al.), Deco, 2016, pp. 431-451;

TEIXEIRA, Rafael Carneiro D'Ávila – *Vide* FILHO, João Glicério de Oliveira/TEIXEIRA, Rafael Carneiro D'Ávila.

TRAPPE, Johannes – "Arbitration in Germany – some aspects and comparison of law", *in* SchiedsVZ 2013, pp. 167-172 = https://www.wipo.int/export/sites/www/amc/en/docs/trappe23102012.pdf.

TRINDADE, João Carlos Pires – "Arbitragem de conflitos de consumo", in *Revista Internacional de Arbitragem e Conciliação*, n.º 13, 2020, pp. 127-146.

VASCONCELOS, Pedro Pais de/VASCONCELOS, Pedro Leitão Pais de – *Teoria geral do direito civil*, 9.ª ed., Almedina, Coimbra, 2019.

VASCONCELOS, Pedro Leitão Pais de – *Vide* VASCONCELOS, Pedro Pais de/VASCONCELOS, Pedro Leitão Pais de.

VARELA, João Antunes – *Das obrigações em geral*, Vol. I, reimp. da ed. de 2000, Almedina, Coimbra, 2005;

— "O direito de acção e a sua natureza jurídica", in *RLJ*, a. 125, n.ºs 3824 (pp. 325-331), 3825 (pp. 357-361), a. 126, n.ºs 3826 (pp. 12-16), 3827 (pp. 37-41), 3828 (pp. 70-75), 3829 e 3930 (pp. 103-107) e 3831 (pp.166-170).

Vargiu, Paolo – *Vide* Pilia, Carlo/Cortés, Pablo/Vargiu, Paolo.

Vital Moreira – *Vide* Canotilho, J. J. Gomes/Vital Moreira.

Weber, Eduard – *Vide* Nordholtz, Christian/Weber, Eduard.

Wurmnest, Wolfgang –"Comentários § 309", in *Münchener Kommentar zum BGB*, Band 2, 9.ª ed., Beck, Munique, 2022.

ÍNDICE